Syntheseteam des Themenschwerpunkts
Vom Wissen zum Handeln –
Neue Wege zum nachhaltigen Konsum
Konsum-Botschaften

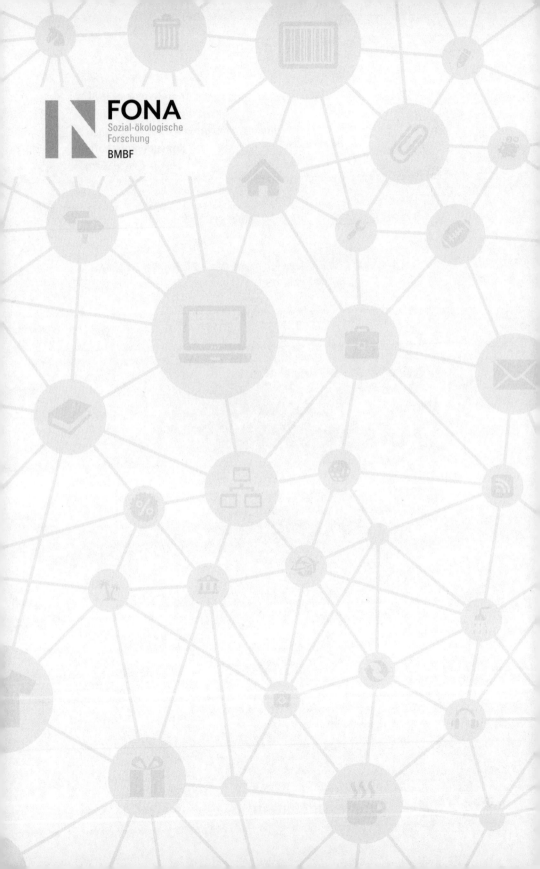

Birgit Blättel-Mink, Bettina Brohmann, Rico Defila,
Antonietta Di Giulio, Daniel Fischer, Doris Fuchs,
Sebastian Gölz, Konrad Götz, Andreas Homburg,
Ruth Kaufmann-Hayoz, Ellen Matthies,
Gerd Michelsen, Martina Schäfer, Kerstin Tews,
Sandra Wassermann, Stefan Zundel

Syntheseteam des Themenschwerpunkts
Vom Wissen zum Handeln –
Neue Wege zum nachhaltigen Konsum

Konsum-Botschaften

Was Forschende für die gesellschaftliche Gestaltung
nachhaltigen Konsums empfehlen

S. Hirzel Verlag Stuttgart

GEFÖRDERT VOM

Der Themenschwerpunkt „Vom Wissen zum Handeln – Neue Wege zum nachhaltigen Konsum" wurde im Rahmen des Förderschwerpunktes Sozial-Ökologische Forschung vom Bundesministerium für Bildung und Forschung (BMBF) gefördert.

Ein Markenzeichen kann warenrechtlich geschützt sein, auch wenn ein Hinweis auf etwa bestehende Schutzrechte fehlt.

Bibliografische Information der Deutschen Nationalbibliothek
Die Deutsche Nationalbibliothek verzeichnet diese Publikation in der Deutschen Nationalbibliografie; detaillierte bibliografische Daten sind im Internet über http://dnb.d-nb.de abrufbar.

ISBN 978-3-7776-2371-9

Jede Verwertung des Werkes außerhalb der Grenzen des Urheberrechtsgesetzes ist unzulässig und strafbar. Dies gilt insbesondere für Übersetzungen, Nachdruck, Mikroverfilmung oder vergleichbare Verfahren sowie für die Speicherung in Datenverarbeitungsanlagen.

© 2013 S. Hirzel Verlag
Birkenwaldstraße 44, 70191 Stuttgart
Printed in Germany
Einbandgestaltung: deblik, Berlin unter Verwendung von Grafiken von spiral media / fotolia und Erhan Ergin / fotolia
Satz: Mediendesign Späth, Birenbach
Druck & Bindung: CPI – Ebner & Spiegel, Ulm
Papier: 90 g/m² 1,75-f. Vol. holzfrei, bläulich-weiß Schleipen Werkdruck von Cordier Spezialpapier GmbH

Klimaneutral gedruckt

www.hirzel.de

Inhaltsverzeichnis

Einführung

Worum geht es uns und an wen richten sich unsere Botschaften?   7
Wovon gehen wir aus?   9
Wie sind unsere Botschaften aufgebaut? 12
Was steckt in unseren Botschaften und wie hängen sie
zusammen? 13
Wie ist unser Buch zu lesen? 18
Wem wir danken möchten 19

Botschaften

Aushandlungs-Botschaft
Was nachhaltiger Konsum ist, muss gesellschaftlich
ausgehandelt werden 21

Korridor-Botschaft
Gutes Leben für alle als Ziel von Nachhaltigkeit erfordert
Minimal- und Maximalstandards 33

Mut-Botschaft
Soll nachhaltiger Konsum Wirklichkeit werden, sind unbequeme
Entscheidungen der Politik nötig 47

Befähigungs-Botschaft
Bildung soll Menschen befähigen, sich an der Gestaltung
nachhaltigen Konsums zu beteiligen 63

Steuerungs-Botschaft
Die Steuerung nachhaltigen Konsums muss intelligent sein 77

Aneignungs-Botschaft
Es sind Voraussetzungen zu schaffen, dass Menschen
nachhaltigen Konsum sinnvoll in ihren Alltag einbauen können   91

Struktur-Botschaft
Viele verschiedene Akteure schaffen Strukturen – diese stehen
alle in der Verantwortung, nachhaltigen Konsum zu fördern 103

Such-Botschaft
In sozialen Initiativen werden gesellschaftliche Erfahrungen gewonnen, die für nachhaltigen Konsum fruchtbar zu machen sind 117

Hintergrund

Grundlagen – Der gemeinsame Boden unserer Botschaften
Vorbemerkung 131
Was ist Konsum eigentlich? 131
Wie muss Konsum sein, um nachhaltig zu sein? 135
Ist es realistisch, auf Nachhaltigkeit im Konsum hinzuarbeiten? Und darf man das überhaupt? 144

Zum Weiterlesen – Zur Vertiefung ausgewählter Themen
Geschichte des Konsums und Mythen rund um Konsum 149
Gutes Leben und Wachstumskritik 151
Gesellschaftlicher Wandel und Innovation 152
Lernen und Lernprozesse 154
Ergebnisse unserer Synthesearbeiten 155

Der Kontext – Unser Weg zu den Botschaften
Der Themenschwerpunkt „Vom Wissen zum Handeln – Neue Wege zum nachhaltigen Konsum" 159
Zur Entstehung der Botschaften 162
Die Forschungsverbünde 168

Personen – Wer an der Erarbeitung der Botschaften mitwirkte
Autorinnen und Autoren 191
Teilnehmerinnen und Teilnehmer der transdisziplinären Fachtagung 2012 194

Einführung

Worum geht es uns und an wen richten sich unsere Botschaften?

Dieses Buch ist ein Produkt aus dem Themenschwerpunkt „Vom Wissen zum Handeln – Neue Wege zum nachhaltigen Konsum", den das Bundesministerium für Bildung und Forschung (BMBF) im Rahmen der Sozial-ökologischen Forschung (SÖF) fördert. Mit dem Thema Konsum griff das BMBF ein für Nachhaltige Entwicklung zentrales gesellschaftliches Handlungsfeld auf. Denn Konsum spielt eine wichtige Rolle als ‚Motor' der Wirtschaft, hat aber auch sozio-kulturelle Bedeutungen und wirkt sich auf die Natur ebenso aus wie auf die Lebensbedingungen von Menschen überall auf der Welt. Konsum soll mit den Zielen einer Nachhaltigen Entwicklung vereinbar sein; darüber ist man sich grundsätzlich einig. Man weiß aber noch immer nicht genau, wie nachhaltiger Konsum denn nun ganz konkret aussieht, und es ist zwar klar, dass Änderungen nötig sind, aber welche genau und wie sie zu erreichen sind, darüber herrscht noch große Unsicherheit.

Im Themenschwerpunkt Nachhaltiger Konsum erforschten wir, Wissenschaftlerinnen und Wissenschaftler (mehrheitlich aus Sozial- und Wirtschaftswissenschaften) in zehn Forschungsverbünden und einem Begleitforschungsprojekt verschiedenste Aspekte der Frage, wie Konsum nachhaltiger werden kann. Um die Ergebnisse der einzelnen Projekte zu einer Synthese zusammenzuführen, trafen wir uns über gut vier Jahre hinweg immer wieder zur gemeinsamen verbundübergreifenden Arbeit. An diesen Treffen beschäftigten wir uns auch mit grundlegenden Fragen, wie etwa: Was ist Konsum eigentlich? Wie muss Konsum aussehen, um nachhaltig zu sein? Ist es realistisch, auf nachhaltigen Konsum hinzuarbeiten? Und wie sehr darf man überhaupt in das Konsumieren und die Freiheit von Menschen eingreifen? Um gemeinsame Antworten auf solche scheinbar einfachen Fragen mussten wir oft lange ringen und manchmal unsere mitgebrachten Vorstellungen und Überzeugungen (die auch von unseren verschiedenen wissenschaftlichen Theorien und Konzepten geprägt waren) hinterfragen und revidieren (im Teil „Hintergrund" beschreiben wir unseren gemeinsamen Arbeitsprozess genauer).

Forschungsergebnisse sollen praktisch wirksam werden – das ist eine berechtigte Erwartung, vor allem dann, wenn es sich um Forschung zu gesellschaftlichen Problemen handelt. Es liegt aber nicht immer auf der Hand, was aus solchen Ergebnissen für die Umsetzung folgt und wie sich das neu gewonnene Wissen so ‚übersetzen' lässt, dass es handlungswirksam wird. Die Wege vom Wissen zum gesellschaftlichen und individuellen Handeln müssen oft erst erschlossen werden. Im Themenschwerpunkt Nachhaltiger Konsum wurden solche Wege für verschiedene Konsumfelder aufgezeigt. Die Forschenden arbeiteten in den Verbünden eng mit Partnern aus der Praxis zusammen. Die daraus zahlreich hervorgegangenen Publikationen, Broschüren und anderen Produkte stehen den Praxisakteuren in den entsprechenden Konsumfeldern zur unmittelbaren Nutzung zur Verfügung (im Teil „Hintergrund" finden sich Hinweise auf zentrale Publikationen und Produkte).

Mit diesem Buch gehen wir einen Schritt weiter und begeben uns auf die übergeordnete Ebene des Themenschwerpunkts insgesamt. Wir formulieren wichtige und konsumfeldübergreifende Erkenntnisse aus der Forschung zu Nachhaltigkeit im Konsum als verdichtete und zugespitzte „Botschaften zu nachhaltigem Konsum", und wir empfehlen konkrete Schritte mit Blick auf das Ziel nachhaltigen Konsums. All das, was wir in den einzelnen Projekten herausgefunden haben, und all das, was aus unseren gemeinsamen Synthesearbeiten hervorgegangen ist, bildet den Boden, auf dem die Botschaften gewachsen sind.

Unsere Botschaften befassen sich mit dem Konsum von Individuen, sie sind aber keine Tipps für Konsumentinnen und Konsumenten. Die Botschaften richten sich an die Akteure, die den gesellschaftlich-politischen Diskurs zu nachhaltigem Konsum in Deutschland beeinflussen und entsprechende Entscheidungen treffen. Damit meinen wir nicht nur Personen wie zum Beispiel Politikerinnen und Politiker auf allen

Ebenen, sondern auch Behörden, Unternehmen, Nichtregierungsorganisationen, Medien oder die verschiedenen Akteure im Bereich der Bildung. Wir beziehen uns oft ausdrücklich auf Deutschland, die meisten unserer Beispiele sind aus Deutschland, und unsere Empfehlungen sind auf die Akteure und Handlungsmöglichkeiten in Deutschland ausgerichtet. Im Kern gelten unsere Botschaften aber auch für andere Staaten und Gesellschaften, und die meisten unserer Empfehlungen dürften sich leicht an die dortigen Verhältnisse anpassen lassen.

Wovon gehen wir aus?

Alle Botschaften gehen von den Begriffen und Einsichten aus, die wir im Kapitel „Grundlagen" darlegen. Demnach orientiert sich nachhaltiger Konsum an dem übergeordneten Ziel einer Nachhaltigen Entwicklung, dass alle Menschen jetzt und in Zukunft und überall auf der Erde die Möglichkeit haben sollen, ein „gutes Leben" zu führen. Worin dieses gute Leben genau besteht und welche Möglichkeiten allen Menschen folglich zu gewährleisten sind, ist die Kernfrage Nachhaltiger Entwicklung. Eine einfache und endgültige Antwort darauf gibt es ebenso wenig wie auf die Frage, wann Konsum nachhaltig ist. Aber eine Gesellschaft kann Teilantworten auf diese Fragen finden. Dies kann sie tun, indem sie die dafür notwendigen Wertentscheidungen aushandelt und trotz vieler Unsicherheiten umsichtig konkrete Ziele hin zu Nachhaltigkeit und nachhaltigem Konsum festlegt und Wege findet, diese zu erreichen. Sie kann (und muss) ihre Antworten revidieren und ihre Ziele anpassen, wenn sich ‚die Welt' verändert, neues Wissen erarbeitet wird und neue Ideen aufkommen.

Wenn wir auf das individuelle Konsumhandeln fokussieren, bedeutet das nicht, dass wir die Verantwortung für nachhaltigen Konsum allein den individuellen Verbrauchern und Verbraucherinnen zuschreiben. Wir glauben im Gegenteil, dass nachhaltiger Konsum die Gesellschaft als Ganze herausfordert. Nachhaltiger Konsum lässt sich nicht ohne individuelle Verhaltensänderungen verwirklichen – aber auch nicht ohne Veränderungen auf der systemischen Ebene. Soll Nachhaltigkeit im Konsum nicht ein frommer Wunsch bleiben, sind Menschen in ihrer Rolle als Bürgerinnen oder Politiker und als Arbeitnehmer oder Unternehmerinnen genau so gefordert wie in ihrer Rolle als Konsumenten. In allen Rollen müssen Menschen komplexe Entscheidungen treffen, schwierige Abwägungen vornehmen, mit Unsicherheiten umgehen und eingeschliffene Handlungsmuster überprüfen.

Konsum ist mehr als nur das Kaufen von Produkten. Wenn wir von Konsumhandeln sprechen, meinen wir damit alle Handlungen des Auswählens, Beschaffens, Nutzens bzw. Verbrauchens und des Entsorgens oder Weitergebens von Konsumgütern. Unter Konsumgütern verstehen wir Produkte, Dienstleistungen und Infrastrukturen wie Lebensmittel, Urlaubsreisen, Fahrzeuge, Versicherungen, Wasserleitungen usw. Sowohl Menschen und ihr Konsumhandeln als auch die Idee der Nachhaltigkeit sind außerordentlich komplex, und nachhaltiger Konsum ist ein langfristiges und anspruchsvolles Ziel. Wir sind der Überzeugung, dass diese Komplexität, diese Langfristigkeit und der hohe Anspruch ernst zu nehmen sind und dass jeder Versuch, das Thema nachhaltiger Konsum auf triviale Rezepte und Slogans zu reduzieren, höchstens die Oberfläche ankratzt und letztlich scheitern wird. Vielmehr ist es nötig, aus unterschiedlichen Perspektiven auf den Menschen, auf die Verwobenheit seines Handelns mit Natur, auf gesellschaftliche Entwicklungen und auf das Ziel der Nachhaltigkeit zu blicken. Es heißt weiter, weder allein auf zentrale staatliche Steuerung noch allein auf spontane Verhaltensänderungen und gesellschaftlichen Wandel zu setzen, sondern sich dem Ziel nachhaltigen Konsums durch eine differenzierte, flexible und den jeweiligen Bedingungen und Etappenzielen angepasste gesellschaftliche Selbststeuerung zu nähern. In den acht Botschaften, in denen wir Empfehlungen für die gesellschaftliche Gestaltung nachhaltigen Konsums geben, zeigen wir unterschiedliche und je für sich wichtige Perspektiven auf und skizzieren verschiedene Facetten einer solchen Gestaltung.

In unseren Botschaften heben wir Erkenntnisse aus der Forschung zu nachhaltigem Konsum und mögliche Konsequenzen daraus für die

Praxis hervor, die sich in unseren Diskussionen über mehrere Runden hinweg immer mehr und immer wieder als zentral herauskristallisiert haben. Wir glauben, dass jene Akteure, die an unterschiedlichen Orten und in unterschiedlichen Rollen an der Förderung nachhaltigen Konsums arbeiten, diese kennen und berücksichtigen sollten. Wir beanspruchen aber in keiner Weise Vollständigkeit. Weder decken die acht Botschaften alles ab, was man zu nachhaltigem Konsum sagen könnte, noch sind die formulierten Empfehlungen die einzig denkbaren praktischen Konsequenzen für die Umsetzung. Unsere Botschaften sind auch nicht einfach Wiederholungen oder Zusammenfassungen der vielen Ergebnisse und Empfehlungen, die in den Projekten des Themenschwerpunkts Nachhaltiger Konsum erarbeitet wurden. Sie sind gemeinsame Erkenntnisse aus umfangreichen Diskussionen.

Wir haben einfache Botschaften – wir möchten, dass sie sich leicht lesen und verstehen lassen. Sie sind aber weder simpel noch naiv, und vielleicht wird man erst bei genauerem Hinsehen entdecken, dass sie viel Sperriges und Unbequemes enthalten. Wir wissen sehr wohl, dass die Botschaften zwar einfach sein mögen, dass es ihre Umsetzung aber keinesfalls ist. Uns ist klar, dass sich Rahmenbedingungen, Machtverhältnisse und tief verankerte Vorstellungen nicht von heute auf morgen ändern lassen. Wir sind jedoch überzeugt, dass das, was wir vorschlagen, wichtige und heute gangbare Schritte sind – den weiteren Weg zu erschließen, ist eine Aufgabe für die Zukunft. Wir wünschen uns selbstverständlich, dass die Akteure, die wir ansprechen, unsere Empfehlungen aufnehmen, meinen aber nicht, nachhaltiger Konsum wäre verwirklicht, sobald alle unsere Empfehlungen umgesetzt wären. Auch gehen wir davon aus, dass manche Akteure in den Botschaften weitere Umsetzungspotenziale für ihren Bereich erkennen, die wir nicht gesehen haben.

Wissenschaftliche Expertise allein reicht nicht aus, um solche Botschaften und konkrete Empfehlungen zu formulieren. Es ist auch ein Austausch mit den Akteuren nötig, an die sich die Botschaften richten. Zu diesem Zweck führten wir im November 2012 eine Fachtagung durch, an der wir unsere Botschaften im Entwurf zur Diskussion stellten. Der Dialog mit politischen und zivilgesellschaftlichen Akteuren sollte zum einen sicherstellen, dass die Botschaften verständlich sind, und er sollte zum anderen vor allem dazu dienen, gemeinsam zu Empfehlungen zu gelangen, die sowohl innovativ als auch zweckdienlich und umsetzbar sind (die Liste der Personen, die an der Fachtagung teilnahmen, findet sich im Teil „Hintergrund"). Die Ergebnisse dieses Austauschs flossen in die Formulierung der Botschaften ein, wie sie nun in diesem Buch stehen.

Wie sind unsere Botschaften aufgebaut?

Die Diskussion um nachhaltigen Konsum ist oftmals geprägt von dogmatischen Aussagen, von undifferenzierten Vorstellungen darüber, was der Fall sein soll oder wie etwas zu geschehen hat, und auch von hartnäckigen Überzeugungen, die sich über viele Jahre hinweg halten, auch wenn längst klar ist, dass sie so nicht richtig sind – von Mythen also. Solche Mythen sind etwa der Stellschrauben-Mythos („wenn wir am richtigen Ort ansetzen, dann verändert sich das Handeln der Menschen automatisch zum Guten"), der Informations-Mythos („wenn man Konsumentinnen und Konsumenten ausreichende Informationen guter Qualität zur Verfügung stellt, dann tun sie auch das Richtige") oder der Überforderungs-Mythos („Konsumentinnen und Konsumenten lieben es möglichst einfach, sie können mit komplexen Fragestellungen und Problemen nicht umgehen"). Solchen Mythen setzen wir unsere acht Botschaften entgegen.

Jede Botschaft trägt einen Namen, der in einem Wort erkennen lässt, wovon die Botschaft handelt. Auf den Namen folgt eine Kurzaussage, die den Kern der Botschaft ausdrückt. Der Mythos, auf den die Botschaft antwortet, und der Gegenentwurf, den wir an dessen Stelle setzen, eröffnen die Botschaft. Anschließend entfalten wir den Gegenentwurf und begründen ihn. Mit Beispielen, insbesondere Forschungsergebnissen aus unserem Themenschwerpunkt, veranschaulichen und unterstützen wir unsere Argumentation (ausführlicher beschriebene Beispiele sind im Text grafisch abgehoben). Eine oder zwei konkrete Empfehlungen für politische oder zivilgesellschaftliche Akteure schließen die Botschaft ab.

Was steckt in unseren Botschaften und wie hängen sie zusammen?

In jeder Botschaft stehen andere Aussagen zu nachhaltigem Konsum im Vordergrund und jede Botschaft beleuchtet eine jeweils andere Facette dessen, was für die Verwirklichung nachhaltigen Konsums nötig ist. Das Bestimmen nachhaltigen Konsums beinhaltet Wertentscheidungen wie auch das Umgehen mit Zielkonflikten, Unsicherheiten und unvollständigem Wissen – das ist für unsere Botschaften ebenso wichtig wie, dass es dazu eines andauernden gesellschaftlichen Suchprozesses bedarf. Dass nachhaltiger Konsum ohne tief greifende Veränderungen in der Gesellschaft und ohne das Setzen von Leitplanken für das individuelle Handeln nicht erreichbar sein wird, erachten wir als genauso zutreffend wie, dass Menschen nur nachhaltig konsumieren werden, wenn sie dies sinnvoll in ihren Alltag und ihre Lebensentwürfe integrieren können. In jeder Botschaft heben wir zudem bestimmte menschliche Eigenschaften hervor, die für nachhaltigen Konsum besondere Bedeutung haben. Die hervorgehobenen Wesenszüge sind durchaus widersprüchlich. So haben Menschen in ihren sozialen Bezügen einerseits die Tendenz, mit geringer Anstrengung für sich selbst den größten Nutzen zu erzielen, und wollen andererseits, dass es auch Anderen und der Gemeinschaft gut geht – oder sie halten einerseits träge an ihren Gewohnheiten fest und sind andererseits erpicht auf Veränderung und Neues. Unsere Empfehlungen zur Verwirklichung nachhaltigen Konsums schöpfen aus diesem Reservoir menschlicher Eigenschaften.

Die acht Botschaften hängen inhaltlich zusammen und überlappen sich an einigen Stellen. Sie bauen aber nicht aufeinander auf, und es gibt keine Prioritätenordnung zwischen ihnen. Im folgenden Überblick formulieren wir für jede Botschaft in aller Kürze und in starker Zuspitzung, welche Aussage über nachhaltigen Konsum und über das, was für nachhaltigen Konsum nötig ist, in der Botschaft steckt, welche Eigenschaften des Menschen die Botschaft hervorhebt und welche Stoßrichtung die Empfehlungen haben.

In den ersten beiden Botschaften befassen wir uns mit grundlegenden normativen Aspekten nachhaltigen Konsums. Die Empfehlungen richten sich in erster Linie an Akteure der öffentlichen Hand auf Bund- und Länderebene sowie an den Deutschen Werberat.

- *Die Aushandlungs-Botschaft:* Um zu sagen, wie Konsum sein soll, damit er nachhaltig ist, reicht Wissen allein nicht aus. Nötig sind ebenso sehr Wertentscheidungen, das Umgehen mit Unsicherheiten und das Abwägen potenzieller Risiken. Was nachhaltiger Konsum ist, kann deshalb nicht durch Experten oder Expertinnen allein bestimmt werden, sondern muss gesellschaftlich ausgehandelt werden. Konsumentinnen und Konsumenten sind es gewohnt, alltägliche Konsumentscheidungen auszuhandeln und treffen oft komplexe Entscheidungen; sie sind in der Lage, sich auch auf gesellschaftlicher Ebene an entsprechenden Dialog- und Aushandlungsprozessen zu beteiligen. Wir empfehlen deshalb, Konsumentinnen und Konsumenten gezielt und regelmäßig in die gesellschaftliche Auseinandersetzung und Aushandlung darüber, was nachhaltiger Konsum genau bedeutet, einzubeziehen.

- *Die Korridor-Botschaft:* Um nachhaltigen Konsum zu verwirklichen, braucht es – als Leitplanken für das Handeln – Minimal- und Maximal-Standards der Ausstattung mit Ressourcen, die den ‚Korridor' definieren, innerhalb dessen Menschen nach ihren individuellen Vorstellungen ein erfülltes Leben führen können, ohne dass damit anderen Menschen diese Möglichkeit genommen wird. Menschen wollen sich nicht vorschreiben lassen, wie sie ihr Leben zu führen haben, sondern wollen selbst für sich bestimmen, wie ihr Leben aussehen soll, damit sie es als erfüllt erachten. Sie können aber auch – zugunsten des eigenen Wohls, des Gemeinwohls und des Wohls Dritter – sich selbst und anderen Grenzen für das Handeln setzen und solche Grenzen akzeptieren und einhalten. Wir empfehlen deshalb, die provokative Idee der Minimal- und Maximalstandards in den öffentlichen Diskurs zu bringen und die heute das Denken beherrschende Vorstellung „mehr Konsum ist besser" in Frage zu stellen.

In der dritten und vierten Botschaft thematisieren wir grundlegende Aspekte gesellschaftlicher Veränderung. Wir legen dar, welche spezifischen Aufgaben Politik und Bildung beim Herbeiführen der Veränderungen haben, die zur Erreichung nachhaltigen Konsums nötig sind. Unsere Empfehlungen richten sich in erster Linie an den Bund und die Kommunen.

- *Die Mut-Botschaft:* Um nachhaltigen Konsum zu verwirklichen, sind nicht nur oberflächliche Anpassungen in einzelnen Konsumfeldern, sondern auch tiefer greifende Reformen des Konsumsystems nötig; diese stellen sich nicht von selbst ein, sondern bedürfen politischer Entscheidungen. Menschen haben Eigeninteressen und individuelle Wünsche, die sie verteidigen und bisweilen gegen das Wohl Dritter und der Gemeinschaft durchsetzen, sie handeln und verändern ihr Handeln also nicht immer freiwillig im Sinne des Gemeinwohls und akzeptieren Reformen, die sie zu Veränderungen zwingen, nicht ohne Weiteres. Entscheidungen für tief greifende Reformen sind deshalb für Politikerinnen und Politiker oftmals unbequem und fordern ihnen einigen Mut ab, selbst wenn sie dafür einzustehen gewillt sind. Um dies zu erleichtern, empfehlen wir, einen ‚geschützten Ort' zu schaffen, an dem sie entsprechende Positionen entwickeln können.
- *Die Befähigungs-Botschaft:* Um nachhaltigen Konsum zu verwirklichen, müssen die Menschen jene Kompetenzen entwickeln, die sie zu verantwortungsvollen Konsumentscheidungen im Sinne der Nachhaltigkeit befähigen. Menschen lernen ihr Leben lang und nicht nur in jungen Jahren in der Schule. Menschen können und

müssen lernen, mit Unsicherheiten und Widersprüchen umzugehen und fundierte Urteile unter Abwägen unterschiedlicher Aspekte zu treffen. Menschen können lebenslang neue Werte entwickeln und lernen, ihre Wertvorstellungen zu hinterfragen. Wir empfehlen, das Bildungsangebot innerhalb von Regionen daraufhin zu optimieren, dass alle Menschen die Möglichkeit haben, Kompetenzen für nachhaltigen Konsum zu erwerben.

Die nächsten drei Botschaften drehen sich um die Frage der gesellschaftlichen Steuerung des Konsumhandelns. Wir gehen darauf ein, was angesichts der Komplexität des Konsumhandelns notwendig ist, um intelligent in Richtung nachhaltigen Konsums steuern zu können, unter welchen Bedingungen Menschen nachhaltigen Konsum in ihren Alltag einbauen können und wer für die Gestaltung von Strukturen verantwortlich ist, die das Konsumhandeln in bestimmte Richtungen lenken. Unsere Empfehlungen richten sich in erster Linie an den Bund, an Städte und Kommunen sowie an strukturbildende Akteure wie Unternehmen, Branchenverbände, Einrichtungen der öffentlichen Hand und Nichtregierungsorganisationen.

- *Die Steuerungs-Botschaft:* Um nachhaltigen Konsum zu verwirklichen, ist eine intelligente Steuerung nötig. Menschen sind keine Maschinen, deren Verhalten sich per Knopfdruck steuern lässt, sie haben Freiheitsspielräume und nutzen diese. Aber sie sind auch nicht völlig frei in ihren Entscheidungen, sondern von einer Vielzahl von Faktoren beeinflusst. Deshalb ist ihr Handeln bis zu einem gewissen Grad lenkbar, sodass erwünschtes Handeln wahrscheinlicher wird. Eine intelligente Steuerung berücksichtigt die verschiedenen Faktoren, die das menschliche Handeln beeinflussen, ebenso wie das Wissen rund um unterschiedliche Steuerungsinstrumente und deren Mix. Wir empfehlen, eine Einrichtung zu schaffen, die den Zugang zu dem reichen wissenschaftlichen Wissen erleichtert und hilft, dieses für die Gestaltung einer intelligenten Steuerung zu nutzen.

- *Die Aneignungs-Botschaft:* Um nachhaltigen Konsum zu verwirklichen, müssen Ziele, die für die Gesellschaft als Ganze gesetzt sind, so ‚übersetzt' werden, dass Menschen die konkrete Bedeutung solcher Ziele für ihr eigenes Handeln erkennen und sie mit ihren individuellen Lebensentwürfen verknüpfen können. Menschen geben ihrem Leben Sinn und Ordnung, ihre Handlungen sind nicht isoliert, sondern ergeben einen für sie stimmigen Alltag. Sie bauen neue Handlungsmuster dann in ihren Alltag ein, wenn diese mit ihren Werten, Wünschen, Zielen und Möglichkeiten vereinbar sind oder vereinbar gemacht werden können. Wir empfehlen deshalb, nachhaltigen Konsum durch Geschichten und Möglichkeiten des Ausprobierens anschaulich zu machen.
- *Die Struktur-Botschaft:* Strukturen sind ein Gefüge von Bedingungen, die das Handeln der Menschen und damit das individuelle Konsumhandeln prägen. Sie lenken es in bestimmte Richtungen, indem sie manche Handlungen nahelegen oder erzwingen und andere erschweren oder verhindern. Strukturen, die nachhaltigen Konsum befördern oder behindern, werden nicht allein durch den Staat, sondern auch durch eine Vielzahl weiterer Akteure mit ganz unterschiedlichen Interessen geschaffen, bewahrt oder verändert. Wir empfehlen deshalb zu prüfen, wie verträglich Strukturen sowie Mechanismen der Strukturbildung und die dahinterstehenden Leitbilder mit nachhaltigem Konsum sind.

Die letzte Botschaft handelt davon, dass Nachhaltige Entwicklung ein zukunftsoffener Prozess des Suchens, Revidierens und Experimentierens ist. Wir sind überzeugt, dass soziale Initiativen ein großes Reservoir an Kreativität für diesen Prozess darstellen. Unsere Empfehlungen richten sich in erster Linie an kommunale Verwaltungen.

- *Die Such-Botschaft:* Niemand weiß heute mit endgültiger Sicherheit, wie eine nachhaltige Gesellschaft genau aussieht, was nachhaltiger Konsum konkret bedeutet und wie der Weg dorthin gestaltet werden kann. Zudem kann sich morgen schon als falsch erweisen, was heute richtig erscheint. Es bedarf deshalb eines andauernden gesellschaftlichen Suchprozesses. Menschen sind grundsätzlich soziale Wesen, die Gestaltung des Zusammenlebens und die Organisation der Gemeinschaft sind Teil ihrer Lebensgestaltung. Soziale Initiativen und ‚Realexperimente' sind Ausdruck des Suchprozesses nach neuen Lebensweisen und neuen gesellschaftlichen Organisationen, den Gruppen von Gleichgesinnten gemeinsam unternehmen. Wir empfehlen deshalb, Freiräume für solche Initiativen zu schaffen und das Lernen aus Erfahrungen in solchen Initiativen zu unterstützen.

Wie ist unser Buch zu lesen?

Das Buch besteht aus drei Teilen. Auf die kurze Einführung folgen als Hauptteil die acht Botschaften. Im dritten Teil „Hintergrund" findet sich zuerst das Kapitel „Grundlagen", in dem wir Auskunft geben über die Erkenntnisse, theoretischen Ansätze und Begrifflichkeiten zu Konsum, zu nachhaltigem Konsum und zur Steuerung des Konsums Richtung Nachhaltigkeit, die aus unseren Synthesediskussionen hervorgegangen sind. Diese Überlegungen sind eine Grundlage für alle Botschaften gleichermaßen und werden teilweise auch in den einzelnen Botschaften aufgegriffen. Im Kapitel „Grundlagen" können sie zusammenhängend gelesen werden. Weiter beschreiben wir im Teil „Hintergrund" den Prozess der Erarbeitung unserer Botschaften, weisen auf Literatur zum Weiterlesen hin und informieren über den Themenschwerpunkt Nachhaltiger Konsum und die daran beteiligten Forschungsverbünde. Listen mit Angaben zu den Autorinnen und Autoren des Buches sowie den Personen, die an der Fachtagung 2012 in Berlin teilnahmen, bilden den Schluss des Buches.

Selbstverständlich kann man das Buch wie jedes andere von vorne nach hinten lesen, das ist aber nicht zwingend. Da die Botschaften nicht aufeinander aufbauen, können sie in beliebiger Reihenfolge gelesen werden. Die Botschaften unterscheiden sich in ihrer Perspektive und ihrem Schwerpunkt, sie enthalten aber auch Überlappungen und vereinzelt sogar Wiederholungen. Gewisse Aussagen kommen sowohl in einzelnen Botschaften wie im Grundlagenkapitel und in der Einführung vor. Solche Wiederholungen sind durchaus gewollt, da jede Botschaft für sich und auch ohne Lektüre der Grundlagen verständlich sein soll. Leserinnen und Leser, die das Buch vollständig von vorne nach hinten lesen, mögen uns diese Redundanzen nachsehen. Die wichtigsten Berührungspunkte zwischen einzelnen Botschaften machen wir durch entsprechende Verweise deutlich.

Wir verzichten auf Literaturverweise in den Botschaften und im Kapitel „Grundlagen". Auf wichtige Veröffentlichungen und Produkte der Verbünde sowie auf weitere interessante Literatur verweisen wir im Teil „Hintergrund".

Wem wir danken möchten

Wir durften bei unserem Projekt „Konsum-Botschaften" Hilfe und Unterstützung von vielen Personen erfahren, und diesen allen danken wir an dieser Stelle ganz herzlich. Dem ganzen für den Themenschwerpunkt Nachhaltiger Konsum zuständigen Team im BMBF und beim Projektträger des BMBF im Deutschen Zentrum für Luft- und Raumfahrt danken wir für die nie nachlassende Unterstützung dieser Synthesearbeit. Ganz besonderer Dank gebührt Herrn Volkmar Dietz und Frau Bärbel Kahn-Neetix (BMBF) für ihre wohlwollende Begleitung dieses Projektes mit zu Beginn ungewissem Ausgang und mit einer nicht ganz gewöhnlichen Fachtagung; Herrn Martin Schmied und Herrn Thomas Schulz für die stets gute, offene und von großem Vertrauen geprägte Zusammenarbeit; Herrn Ralph Wilhelm insbesondere für die kompetente Begleitung und Unterstützung bei allen Fragen der Öffentlichkeitsarbeit. Zu großem Dank verpflichtet sind wir den rund 70 Personen aus Politik, Bildung und Verwaltung, Wirtschaft und Wissenschaft, Organisationen und Stiftungen, die unserer Einladung nach Berlin zur Fachtagung „Konsum und Nachhaltigkeit" im November 2012 folgten und uns in vielen Stunden lebhafter Diskussion eine Fülle von Anregungen für die Ausarbeitung der Botschaften mitgaben. Gleichermaßen Dank verdienen Thomas Brückmann, Christian Dehmel, Melanie Jäger-Erben, Pia Laborgne, Arthur Mohr, Moritz Müllener, Thomas Rieske und Markus Winkelmann, die mit ihren sorgfältigen Diskussionsprotokollen dafür sorgten, dass wir alle Impulse aus der Fachtagung in die weitere Arbeit mitnehmen konnten. Ein spezieller Dank geht an Sonja Schenkel, die mit ihrer Fotoinstallation „Visual Summary of SuCo11" eine künstlerische Verbindung zwischen der Fachtagung und unserer internationalen wissenschaftlichen Konferenz 2011 herstellte. Danken möchten wir auch Frau Angela Meder vom Hirzel Verlag, Frau Siglinde Huber (Korrektorat) und Mediendesign Späth, Birenbach (Satz) für die kompetente Begleitung, das sorgfältige Lektorat und das Mitziehen bei einem ehrgeizigen Zeitplan. Unser herzliches Dankeschön geht schließlich an Rhea Belfanti, Thomas Brückmann, Arthur Mohr, Moritz Müllener und Markus Winkelmann, deren engagierte Mitarbeit bei der Vorbereitung, Durchführung und Nachbereitung der Syntheseteam-Treffen und der Fachtagung wesentlich zum Gelingen beitrugen.

Wir verwenden in allen Kapiteln dieses Buches die männliche und die weibliche Form (beispielsweise „Konsumentinnen und Konsumenten"), sofern uns dies mit dem Fluss des Textes verträglich schien. Um schwerfällige Formulierungen zu vermeiden, wählten wir zuweilen (insbesondere bei Aufzählungen) abwechslungsweise die männliche und die weibliche Form und meinen damit jeweils beide Geschlechter.

Aushandlungs-Botschaft
Was nachhaltiger Konsum ist, muss gesellschaftlich ausgehandelt werden

Mythos

Zu entscheiden, was nachhaltiger Konsum bedeutet, ist die Aufgabe von Expertinnen und Experten. Diese müssen sich zuerst einig werden darüber, was es heißt, Nachhaltigkeit im Konsum zu erreichen, und dann mit klaren und eindeutigen Handlungsanweisungen und Zielvorgaben an die Politik und an die Konsumierenden gelangen. Konsumentinnen und Konsumenten dürfen nicht mit solchen komplexen Fragen konfrontiert werden, das überfordert sie. Sie wollen und müssen nur wissen, was sie kaufen sollen und was nicht.

Gegenentwurf

Was nachhaltiger Konsum bedeuten kann, ist nicht allein eine Sache des Wissens, es ist immer auch eine Sache normativer Festlegungen, bei denen Wertentscheidungen zu treffen sind. Solche Festlegungen und Entscheidungen wiederum sind nicht etwas, das an Expertinnen und Experten delegiert werden kann, sondern etwas, das die Gesellschaft als Ganze angeht und deshalb gesellschaftlich ausgehandelt werden muss. Konsumentinnen und Konsumenten sind durchaus willens und in der Lage, sich mit komplexen Fragen auseinanderzusetzen. Sie sind an Aushandlungsprozessen zu nachhaltigem Konsum zu beteiligen.

Bei nachhaltigem Konsum geht es nicht allein um Wissen, sondern ebenso sehr um Wertentscheidungen, Umgang mit Unsicherheiten und das Abwägen potenzieller Risiken

Zu bestimmen, was nachhaltiger Konsum genau bedeutet, ist nicht allein eine Frage des Wissens um die Folgen von Handlungen, es ist immer auch eine Frage von Festlegungen dessen, was sein soll. Solche normativen Festlegungen beinhalten in jedem Fall Wertentscheidungen, das heißt Entscheidungen darüber, welche Werte in einer Gesellschaft gelten sollen und wie sie zu gewichten sind. Dabei sind Zielkonflikte zu lösen zum Beispiel in der Abwägung zwischen der Schaffung von Arbeitsplätzen und der Erhaltung einer naturnahen Fläche, zwischen der Unterstützung regionaler Produzentinnen und der Unterstützung von Produzenten aus einem Land des Südens oder zwischen der Förderung einer reduzierten, und damit stromsparenden Beleuchtung öffentlicher Räume und der Sicherheit im öffentlichen Raum.

Wenn es darum geht, konkreter zu sagen, was nachhaltiger Konsum bedeutet, sind jedoch nicht nur solche Wertentscheidungen zu treffen. Vielmehr muss auch ein sinnvoller Umgang mit Unsicherheiten gefunden werden. Nahezu ständig entstehen neue Produkte und Dienstleistungen sowie neue Nutzungsmöglichkeiten von Konsumgütern, bei denen oft niemand weiß, was sie bringen werden, das heißt welche Vorteile und welche Nachteile sie haben. Schon oft hat sich bei Neuerungen mit vermeintlich positiven Wirkungen später erwiesen, dass den Vorteilen gravierende Nachteile entgegenstehen, die nicht bedacht wurden bzw. nicht bekannt waren. So hatten Biokraftstoffe der ersten Generation erhebliche wirtschaftliche und soziale Nachteile in den produzierenden Ländern; der Ersatz bedienter Schalter und Ladentheken durch Automaten und Selbstbedienung beschleunigt zwar die Abläufe, lässt jedoch keine individuelle Beratung zu, kann Menschen in der Bedienung überfordern und hat Arbeitsplätze vernichtet usw. Meist sind nicht sämtliche Konsequenzen bekannt, die sich aus einer Handlung oder einer Entscheidung ergeben. Wenn wir sozial und technisch nicht stehenbleiben wollen, bleibt uns realistischerweise nichts anderes übrig, als mit Unsicherheiten umzugehen und dabei gewisse Risiken einzugehen.

Die Frage wiederum, welche Risiken in Kauf zu nehmen sind und wem welche Risiken zugemutet werden sollen, lässt sich nicht durch Wissen allein beantworten, sondern erfordert ebenfalls Wertentscheidungen. Wenn zum Beispiel auf schärfere Geschwindigkeitsbegrenzungen im Straßenverkehr verzichtet wird – trotz des statistisch belegten Zusammenhangs zwischen Tempo und tödlichen Unfällen –, wird damit gleichzeitig entschieden, ein höheres Risiko tödlicher Verkehrsunfälle in Kauf zu nehmen. Und die Einführung von Rauchverboten mit dem Argument des Schutzes von Nichtraucherinnen und Nichtrauchern beinhaltet die Entscheidung, dass diesen das Risiko, an einer rauchbedingten Krankheit zu erkranken, nicht zugemutet werden soll.

Wertentscheidungen, Umgang mit Unsicherheiten und das Abwägen potenzieller Risiken müssen gesellschaftlich ausgehandelt werden

Wie solche Zielkonflikte zu lösen sind und wie solche Wertentscheidungen ausfallen sollen, gehört nicht zu den Fakten, die man wissen kann, sondern ist etwas, das in der Abwägung und Diskussion von Vor- und Nachteilen, von Unsicherheiten und Risiken beschlossen werden muss. Das lässt sich nicht an Expertinnen und Experten delegieren. Vielmehr muss es in einer Gesellschaft gemeinsam festgelegt werden. Auch welche Risiken eine Gesellschaft eingehen will, sollte gemeinsam bestimmt werden, da alle von den Folgen betroffen sind. Eine Gesellschaft muss gemeinschaftlich entscheiden, wie sie die Bedingungen des Lebens ihrer Mitglieder und damit deren Konsummöglichkeiten gestalten will.

Dies alles bedingt selbstverständlich auch, dass getroffene Entscheidungen revidiert werden müssen, wenn sie sich im Lichte neuer Erkenntnisse oder neuer Ereignisse als nicht mehr sinnvoll erweisen. Das wiederum bedeutet, dass eine Gesellschaft als Ganze lernen muss. Dazu sind zum einen Verfahren nötig, die das gemeinsame Nachdenken, die

Diskussion und die gemeinschaftliche Einigung fördern und das Ergebnis solcher Aushandlungen gesellschaftlich wirksam werden lassen. Zum anderen müssen kritische Denkansätze gezielt unterstützt werden, die neue Impulse geben und die kritische Auseinandersetzung mit getroffenen Wertentscheidungen anregen.

Dies gilt auch für Nachhaltigkeit im Konsum. Deshalb ist im Rahmen einer gesellschaftlichen Aushandlung festzulegen, was Nachhaltigkeit im Konsum genau bedeutet, und dabei muss ein gesellschaftlicher Lernprozess ermöglicht werden. An dieser Aushandlung sind alle Mitglieder einer Gesellschaft zu beteiligen, das heißt auch Personen und Gruppen, die sozial und/oder politisch benachteiligt sind, ebenso wie solche, die sich nicht politisch engagieren.

Aushandlung ist nicht das Gleiche wie die Suche nach dem kleinsten gemeinsamen Nenner

Eine Entscheidung, die gesellschaftlich ausgehandelt wurde, ist nicht zwingend auch eine gute Entscheidung. Solche Einigungsprozesse können auch zu schlechten Entscheidungen führen, das zeigt die Geschichte hinlänglich. Anzunehmen, dass das Ergebnis gesellschaftlicher Aushandlungsprozesse automatisch im Sinne der Nachhaltigkeit ausfällt, wäre deshalb blauäugig.

Um ein Ergebnis zu erzielen, das der Idee der Nachhaltigkeit entspricht, sind daher Maßnahmen und Kriterien nötig, die die Qualität solcher Aushandlungsprozesse sicherstellen (und entsprechende Zuständigkeiten) – sowohl bezogen auf das Ergebnis als auch bezogen auf den Prozess. Solche Prozesse müssen also professionell moderiert werden. Die Aushandlung darf nicht in ein Feilschen, in ein ‚Zerreden' oder in eine Suche nach dem kleinsten gemeinsamen Nenner münden. Für die Aushandlung müssen Regeln formuliert (und befolgt) werden, die sicherstellen, dass das Ergebnis durch Argumente und nicht durch faktische Machtverhältnisse bestimmt wird. Die Ergebnisse solcher Aushandlungen dürfen auch unbequem sein und Partikularinteressen widersprechen. Es muss kein allgemeines Einvernehmen erreicht werden, sondern die Ergebnisse dürfen auch so ausfallen, dass sie auf Widerstand von Akteurgruppen in der Gesellschaft stoßen.

Als Gegenstand der Aushandlung stehen ethische Prinzipien im Vordergrund und nicht konkrete Handlungsanweisungen

Das Ziel, nachhaltigen Konsum erreichen zu wollen, kann noch keine Konsumhandlungen leiten. Dazu muss dieses Ziel konkreter gefasst werden. Damit stellt sich unweigerlich die Frage, was denn nun genau der Gegenstand der gesellschaftlichen Aushandlung sein soll und sein kann.

Es kann nicht darum gehen, pfannenfertige Rezepte auszuhandeln, die dann von Konsumentinnen und Konsumenten 1 : 1 und beinahe ‚blind' befolgt werden können. Ein gutes Beispiel dafür, dass dies nicht sinnvoll wäre, findet sich im Bereich der Ernährung: Es ist mittlerweile breit anerkannt, dass einfache Regeln wie „Immer regionale Produkte kaufen!" bei globaler Betrachtung nicht in jedem Fall gut sind, was Nachhaltigkeit betrifft, weil sie einen Aspekt zulasten anderer in den Vordergrund rücken. Solche ganz konkreten Regeln werden also meist der Mehrdimensionalität der Nachhaltigkeits-Idee nicht gerecht. Sie beschränken nachhaltigen Konsum tendenziell auf ökologischen oder fairen Konsum, statt ökologische, sozio-kulturelle und ökonomische Aspekte gesamthaft zu berücksichtigen. Es ist zudem gar nicht möglich, für jede einzelne konkrete Konsumhandlung festzulegen, was es heißt, diese nachhaltig zu gestalten. Konsumieren ist mehr als nur das Kaufen von Produkten – es ist deshalb nicht damit getan, dass wir entscheiden, welches ‚gute' Produkte sind und welches ‚schlechte' und die schlechten einfach aus den Regalen verbannen. Angesichts der schieren Menge an Konsumhandlungen wäre zudem die Aufgabe kaum zu bewältigen, für jede einzelne dieser Handlungen zu sagen, wie sie ausfallen müsste, um nachhaltig zu sein. Es kann aber auch nicht um das andere Extrem gehen, das heißt darum, gesellschaftlich auszuhandeln, welche exakt quantifizierten Ziele auf der gesamtgesellschaftlichen Ebene verfolgt werden sollen (zum Beispiel Grenzwerte für Emissionen oder Vorgaben darüber, welcher Anteil der Bevölkerung in Deutschland idealerweise ein Abitur haben oder geimpft sein sollte). Denn dazu bedarf es eines beträchtlichen Maßes spezialisierten Wissens.

Gegenstand gesellschaftlicher Aushandlungen darüber, was nachhaltiger Konsum konkret bedeuten soll, muss das sein, was zwischen diesen beiden Extremen liegt. Dies sind ethische Prinzipien, das heißt Leitlinien für das Handeln (die dann in Regeln und Kriterien münden), an denen wir uns in einer Gesellschaft orientieren wollen. Ein solches handlungsleitendes Prinzip könnte zum Beispiel sein, dass das Konsumhandeln keine ausbeuterischen Praktiken unterstützen soll oder dass es von Überlegungen darüber geleitet werden soll, was Menschen minimal und maximal zustehen soll, damit sie ein erfülltes Leben führen können (diesen Überlegungen ist die Korridor-Botschaft gewidmet). Solche Prinzipien müssen aus der Idee der Nachhaltigkeit erwachsen und zum einen anwendbar sein auf wechselnde Handlungen des Wählens, Beschaffens, Nutzens und Entsorgens bzw. Weitergebens von Produkten und Dienstleistungen und zum anderen eine Grundlage bilden für die Berechnung und Festlegung quantifizierter Ziele auf der gesamtgesellschaftlichen Ebene. Zu bestimmen, was nachhaltiger Konsum bedeutet, ist zwar eine normative Angelegenheit, es geht aber nicht um Normierung, also nicht darum, eine ganz bestimmte Art der Lebensführung für alle Menschen vorzuschreiben – handlungsleitende Prinzipien müssen dem Rechnung tragen. Handlungsleitende Prinzipien müssen jeweils in (neuen) Alltagssituationen angewendet werden können. Sie nehmen dabei dem einzelnen Konsumenten, der einzelnen Konsumentin Wertentscheidungen nicht ab. Sie sollen aber die tagtäglichen Konsumentscheidungen erleichtern, indem sie formulieren, was bei Konsumhandlungen bedacht werden sollte, wenn diese im Einklang mit der Idee der Nachhaltigkeit stehen sollen.

Gegenstand der gesellschaftlichen Aushandlung sollten also handlungsleitende Prinzipien sein, auf die sich die Mitglieder einer Gesellschaft einigen und die dann von den Konsumentinnen und Konsumenten auf den konkreten Fall anzuwenden sind. Solche Aushandlungsprozesse setzen voraus, dass Menschen komplexe Entscheidungen treffen und dabei Abwägungen vornehmen können und dass sie Entscheidungen mit Dritten aushandeln können (bzw. dass sie dazu befähigt werden können, siehe Befähigungs-Botschaft).

Konsumentinnen und Konsumenten treffen oft komplexe Entscheidungen, und sie denken dabei nicht immer nur an ihren eigenen unmittelbaren Nutzen

Konsumentinnen und Konsumenten sind in ihrem Alltag immer wieder mit komplexen Zusammenhängen konfrontiert, wenn sie entscheiden, welche Produkte sie einkaufen sollen, welche Dienstleistungen sie in Anspruch nehmen wollen, wie sie Konsumgüter nutzen wollen oder auch, wann und wie sie Produkte entsorgen oder weitergeben. Sie sind zudem in ihrem Leben oft mit unterschiedlichen Ansprüchen und Wertsystemen konfrontiert, die sich nicht immer einfach in Einklang bringen lassen. Menschen gehen daher durchaus mit Zielkonflikten um und treffen Wertentscheidungen – wenn sie Arbeit und Familie in Einklang zu bringen versuchen genauso, wie wenn sie im Gegensatz zu Kolleginnen und Kollegen mit dem Fahrrad statt mit dem Auto zur Arbeit fahren oder wenn sie sich für ein teures elektronisches Gerät statt für eine Spareinlage entscheiden. Die Annahme, Menschen seien durch umfassende Abwägungen prinzipiell überfordert, könnten nicht mit widersprüchlichen Anforderungen umgehen und keine komplexen Entscheidungen treffen, entbehrt also einer empirischen Grundlage (dies ist auch Thema der Alltags-Botschaft).

Bei konsumbezogenen Entscheidungen wägen Menschen nicht immer nur direkte individuelle Kosten und Nutzen ab, sondern berücksichtigen durchaus auch gemeinwohlorientierte Fragen der Umweltverträglichkeit oder der Gerechtigkeit. Menschen orientieren sich bei ihren Konsumentscheidungen also nicht immer ausschließlich an ihrem persönlichen Wohlergehen. Vielmehr können sie auch darüber nachdenken, was dem gesamtgesellschaftlichen Wohl oder dem Wohl Dritter zuträglich ist und können dies in ihre individuellen Entscheidungen

> **Beim Konsumieren spielen verschiedene Motive gleichzeitig mit**
>
> *Die Erforschung der Gründe, die bei Investitionen eine Rolle spielen, zeigt, dass die Entscheidung durch sehr unterschiedliche Gründe beeinflusst wird und dass diese Gründe auch abgewogen werden.*
>
> Im Verbund „ENEF-Haus" wurde in einer bundesweiten Befragung untersucht, welche Motive bei Eigenheimbesitzenden zu einer energetischen Sanierung von Ein- und Zweifamilienhäusern führen. Viele einschlägige Kampagnen zielen stark auf das ökonomische Interesse, denn bei vielen Maßnahmen gilt, dass sie sich schon innerhalb eines relativ kurzen Zeitraums amortisieren. Empirische Umfragen in „ENEF-Haus" haben jedoch gezeigt, dass es oft sehr verschiedene Motive sind, die diese Entscheidung beeinflussen. Neben den direkt ökonomischen Motiven – wie dem Wunsch, Heizenergie zu sparen und die damit verbundenen Kosten zu senken – spielen bei einer Sanierungsentscheidung noch ganz andere Motive mit. Dazu gehören zum Beispiel der Wunsch nach besserem Wohnkomfort, die Technikbegeisterung oder der Wunsch nach Unabhängigkeit von fossilen Energien. Eine Rolle spielen darüber hinaus Motive, die eher einer Orientierung am Allgemeinwohl zuzurechnen sind: Klimaschutz oder ein sparsamer Umgang mit natürlichen Ressourcen zum Beispiel. Solche Motivallianzen sind auch deshalb bei Investitionsentscheidungen dieses Typs wichtig, weil es sich typischerweise um Entscheidungen unter Unsicherheit handelt. Die Hauseigentümerinnen und Hauseigentümer müssen sich auf Annahmen hinsichtlich der Investitionskosten und der künftigen Energiepreise stützen, die nur begrenzt belastbar sind. In solchen Fällen helfen dann andere Entscheidungskriterien wie das Bewusstsein, etwas Gutes zu tun oder sich an Nachbarn zu orientieren, die als Vorbilder fungieren.

einbeziehen (was weder heißt, dass sie dies immer tun, noch, dass dies alle tun). Es wäre nicht gerechtfertigt, Menschen diese Fähigkeit generell abzusprechen und in der Folge das Nachdenken über das allgemeine Wohl lediglich einem Teil der Gesellschaft zu übertragen. Daher wäre es weder zulässig noch begründbar, Konsumentinnen und Konsumenten aus der Verantwortung für eine Diskussion um nachhaltigen Konsum zu entlassen bzw. sie aus dieser Diskussion auszuschließen.

Konsumentinnen und Konsumenten sind es gewohnt, alltägliche Konsumentscheidungen auszuhandeln, und sie beteiligen sich an gesellschaftlichen Aushandlungsprozessen

Konsumhandlungen sind oft kein Ergebnis einsamer Entscheidungen. Ganz unabhängig davon, dass Individuen in ihrem Handeln stets durch externe Faktoren beeinflusst werden, sind Konsumhandlungen oft Gegenstand von Diskussionen, Abstimmungen und Vereinbarungen im engeren sozialen Umfeld. Das fängt im eigenen Haushalt an, wenn es um Essgewohnheiten, Hygiene, die Urlaubsreise oder die gewünschte Zimmertemperatur geht, und es setzt sich bei der Arbeit fort, wenn mit Bürokolleginnen und -kollegen um die richtige Beleuchtung, den Pausenkaffee oder angemessenes Lüften gerungen wird. Konsumentinnen

---

Konsumentscheidungen werden oftmals ausgehandelt

Forschungen im Verbund „LifeEvents" haben gezeigt, dass Menschen nach dem Zusammenziehen mit einem Partner ihre Konsumgewohnheiten diskutieren und dann oft ändern. In manchen Fällen führte diese Änderung zu Handlungsweisen, die verträglicher sind mit der Idee der Nachhaltigkeit, in anderen zu solchen, bei denen das Gegenteil der Fall war.

Alltägliche Gewohnheiten ändern sich vor allem dann, wenn sich auch die Rahmenbedingungen für den Alltag und damit die Alltagsanforderungen verändern. Das Zusammenziehen mit anderen Personen, beispielsweise in eine Wohngemeinschaft oder mit dem Partner, der Partnerin stellt eine solche Situation dar. In Interviews mit Personen, die kurz zuvor ihre Wohnsituation verändert hatten, wurde deutlich, dass das Zusammenziehen mit einem Partner zum Beispiel dazu führen kann, im Alltag mehr oder eben auch weniger umweltbewusst zu handeln als vorher. So kann das Zusammenwohnen mit einer Vegetarierin oder einem Vegetarier dazu führen, dass weniger Fleisch gekauft und gegessen wird. Die Notwendigkeit, gemeinsame Lösungen zum Beispiel für den Lebensmitteleinkauf zu finden, kann Personen, die vorher gewohnheitsmäßig Bioprodukte gekauft haben, aber auch dazu bringen, bei manchen Produkten auf die günstigere, konventionelle Alternative zurückzugreifen, wenn sie mit einem Partner bzw. einer Partnerin zusammenleben, der oder die eher preisbewusst ist, um einander entgegenzukommen.

und Konsumenten sind es also gewohnt, ganz alltägliche Konsumentscheidungen auszuhandeln, und solche Aushandlungen haben auch Veränderungen im Konsumhandeln zur Folge.

Solche Aushandlungsprozesse finden aber nicht nur im engsten sozialen Umfeld statt, sondern ebenso in einem größeren gesellschaftlichen Rahmen, auch wenn die Auseinandersetzung und Einigung dabei nicht am Küchentisch oder im Sitzungszimmer erfolgen und wenn sie nicht vollumfänglich verbal stattfinden. Aushandlungsprozesse in einem größeren Rahmen finden zum Beispiel statt, wenn sich Konsumentinnen und Konsumenten durch Kaufboykotte mit Unternehmen ‚darauf einigen', dass keine Produkte verkauft werden, die in Kinderarbeit oder unter umweltschädigenden Bedingungen hergestellt werden, oder wenn Mieterinnen und Mieter von Vermietenden Anstrengungen zur Reduktion der Energiekosten einfordern.

Wenn sich Verbraucherschutzorganisationen und wirtschaftliche Akteure über die Qualitäts- und Sicherheitsstandards von Produkten verständigen und darüber, wie diese gemessen und kommuniziert werden können, ist das ebenso ein Prozess der Aushandlung wie wenn Konsumentinnen und Konsumenten die Frage gerechter Arbeitsbedingungen aufwerfen, wie das in den 1970er-Jahren durch die „Bananenfrauen" geschah.

Ein jüngeres Beispiel einer konsumbezogenen gesellschaftlichen Aushandlung ist die Einigung auf Regulierungen rund um den Tabakkonsum (von der Einschränkung der Zugänglichkeit bis hin zum Rauchverbot in öffentlichen Gebäuden und den Vorschriften zur Entsorgung von Zigarettenabfällen im öffentlichen Raum).

Da solche Aushandlungen rund um Konsum also auf mehreren Ebenen immer wieder stattfinden, ist es möglich und sinnvoll, sie auch in den Dienst gemeinschaftlicher Wertentscheidungen und normativer Setzungen zu nachhaltigem Konsum zu stellen. Die Frage, was nachhaltiger Konsum bedeutet, kann also Gegenstand einer gesellschaftlichen Auseinandersetzung und Aushandlung sein, an der Konsumentinnen und Konsumenten beteiligt werden. Ergebnis dieser Aushandlung sollte sein, dass wir uns als Gesellschaft darauf einigen, welchen Prinzipien unser Konsumhandeln genügen soll, welche Ziele wir uns setzen und welche Leitplanken wir uns geben wollen.

Empfehlung

Regelmäßige Konsultationen zu nachhaltigem Konsum durchführen und die dafür erforderlichen organisationalen Rahmenbedingungen schaffen

Jährlich finden öffentliche Konsultationen zu nachhaltigem Konsum statt. Diese bestehen jeweils aus mehreren aufeinander abgestimmten Verfahren auf regionaler und nationaler Ebene und sind jedes Jahr einem anderen Konsumfeld gewidmet. In den einzelnen Konsultationen werden handlungsleitende Prinzipien für nachhaltigen Konsum für das entsprechende Konsumfeld erarbeitet.

An diesen Konsultationen werden Vertreterinnen und Vertreter unterschiedlicher Akteursgruppen der Gesellschaft (Wirtschaft, Wissenschaft, Verbraucherinitiativen, Umweltverbände, Kirchen usw.) beteiligt. Ziel ist eine breite zivilgesellschaftliche Mitwirkung, um auszuhandeln, wie die Idee nachhaltigen Konsums zu konkretisieren ist. Die Konsultationen sind so angelegt, dass alle Interessen – die von Randgruppen ebenso wie unbequeme oder provokante Positionen – vertreten sind.

Auf nationaler und auf regionaler Ebene werden die organisationalen Rahmenbedingungen geschaffen, die eine professionelle Vorbereitung und Durchführung der Konsultationen sicherstellen. Diese Rahmenbedingungen umfassen erstens die politische Legitimierung der Konsultationen, zweitens die Einrichtung eines Verfahrens zum Umgang mit den Ergebnissen der Konsultationen und drittens die Bestimmung einer Zuständigkeit für die Vorbereitung, Durchführung und Nachbereitung der Konsultationen. Denkbar ist für Letzteres eine Organisationsform, die als unabhängige und eigenständige Einrichtung möglichst hochrangig zwischen den relevanten Ministerien (Wirtschaft,

Umwelt, Landwirtschaft und Verbraucherschutz sowie Entwicklung) angesiedelt ist.

Die mit der Vorbereitung, Durchführung und Nachbereitung der Konsultationen beauftragte Gruppe/Organisation achtet zum einen darauf, dass nicht nur ökologische, sondern auch ökonomische und soziokulturelle Aspekte nachhaltigen Konsums im jeweils behandelten Konsumfeld zur Sprache kommen. Zum anderen achtet sie darauf, dass die Diskussionen auf der Grundlage wissenschaftlichen Wissens zu Nachhaltigkeit im entsprechenden Konsumfeld geführt werden. Zu diesem Zweck sorgt sie für die Aufbereitung und Bereitstellung der relevanten Informationen zu Fragen, Problemen und Innovationen im entsprechenden Konsumfeld und bereitet diese so auf, dass unterschiedliche gesellschaftliche Gruppen Zugang dazu erhalten und diese Informationen in ihre eigenen Diskurse einbeziehen können. Zum dritten stellt sie sicher, dass sowohl relevante aktuelle Fragen und Probleme als auch Innovationen diskutiert werden, ohne dass dabei Interessen einzelner Personen oder Gruppen eine besondere Rolle spielen. Schließlich begleitet diese Gruppe/Organisation den Prozess der Umsetzung der Konsultationsergebnisse und sorgt dafür, dass die an den Konsultationen beteiligten Akteure die Ergebnisse in ihre jeweiligen Gruppierungen zurücktragen.

Bei der Bestimmung der Zuständigkeit für die Vorbereitung, Durchführung und Nachbereitung der Konsultationen wird ein besonderes Augenmerk gelegt auf die Sicherung der Qualität der Ergebnisse und auf die professionelle Moderation der verschiedenen Prozesse. Die Konsultationen werden wissenschaftlich begleitet und finden zunächst über einen Zeitraum von fünf Jahren statt. Die finanziellen Voraussetzungen schafft der Bund, sodass die verschiedenen Aufgaben auch tatsächlich wahrgenommen werden können.

Korridor-Botschaft

Gutes Leben für alle als Ziel von Nachhaltigkeit erfordert Minimal- und Maximalstandards

Mythos

Die Konsumentensouveränität ist ein hohes Gut, das verteidigt werden muss. Konsumentinnen und Konsumenten sollen über die Nachfrage entscheiden, was im Markt verfügbar ist, und sie sollen frei entscheiden, was sie konsumieren wollen. Daran zu rütteln ist auch nicht nötig, denn nachhaltiger Konsum ist durch Produktvorgaben, technischen Fortschritt und einen immer effizienteren Ressourceneinsatz erreichbar. Die Konsumentensouveränität einzuschränken, würde sogar die Lebensqualität aller gefährden und die Wirtschaft bedrohen, die auf einen hohen Umsatz von Konsumgütern angewiesen ist.

Gegenentwurf

Nachhaltiger Konsum orientiert sich am übergeordneten Ziel Nachhaltiger Entwicklung, allen Menschen ein gutes Leben zu ermöglichen. Um dieses Ziel zu erreichen, sind zwei Fragen zu beantworten: Über welche Ausstattung mit natürlichen und gesellschaftlichen Ressourcen sollten alle Menschen minimal verfügen können, damit sie ein gutes Leben führen können? Wo liegen Maximalstandards, deren Überschreitung durch Einzelne oder Gruppen die Sicherstellung dieser minimalen Bedingungen für andere nicht mehr erlauben würde? Führt die Beantwortung dieser Fragen zu Einschränkungen der Konsumentensouveränität und des Konsums, sind diese nicht nur zulässig, sondern geboten. Konsum, der zu einem guten Leben für alle beiträgt, bietet eine Chance, Gesellschaft und wirtschaftliche Aktivitäten zukunftsfähig zu gestalten.

Nachhaltigkeit ernsthaft umzusetzen setzt voraus, dass wir gesellschaftlich getragene Visionen eines guten Lebens haben

Gesellschaftlich getragene Vorstellungen darüber, welche Rahmenbedingungen Menschen zur Verfügung gestellt werden sollten, damit sie ein erfülltes Leben führen können, sollten leitender Maßstab sein, wenn wir in Deutschland über die Erreichung von Nachhaltigkeit nachdenken. Dazu müssen wir zuerst aushandeln, welche Bedürfnisse wir als objektive Bedürfnisse einstufen, deren Befriedigung allen Menschen möglich sein soll. Diese dürfen nicht auf körperliche Bedürfnisse reduziert werden, die zur Lebenserhaltung befriedigt werden müssen, denn ein erfülltes Leben umfasst deutlich mehr als nur das reine körperliche Überleben. Nachhaltigkeit am Begriff des guten Lebens für alle festzumachen, bedeutet, dass allen Menschen die externen Rahmenbedingungen, das heißt Gesundheitsversorgung, Nahrung, Erholungsmöglichkeiten, Bildung usw., zur Befriedigung ihrer objektiven Bedürfnisse, und damit für ein gutes Leben, zu gewährleisten sind. Hier ist ein individuelles Recht, aber auch eine kollektive Verpflichtung zu erkennen.

Eine solche Vision davon, was ein gutes menschliches Leben ausmacht und welche Rahmenbedingungen dazu erforderlich sind, darf sich nicht auf das eigene Land allein beschränken und auch nicht auf die derzeit lebenden Menschen; vielmehr muss der Blick über die Landesgrenzen und über die derzeit lebenden Generationen hinaus gerichtet sein. Nachhaltiger Konsum bedeutet, dass Konsumhandlungen darauf ausgerichtet sind, die Rahmenbedingungen eines guten Lebens für alle Menschen zu schaffen und mindestens zu erhalten. Da unsere Konsumhandlungen in Deutschland Wirkungen über die engen Landesgrenzen hinaus entfalten, kommen wir nicht umhin, uns Rechenschaft darüber abzulegen, von welchen Vorstellungen eines guten Lebens auch außerhalb unseres Landes wir dabei eigentlich ausgehen.

Die Frage nach den Rahmenbedingungen, die allen Menschen zur Verfügung stehen sollen, ist die Frage danach, zu welchen Ressourcen Menschen Zugang haben sollen. Ressourcen sind dabei nicht beschränkt

Was ist gemeint mit dem „guten Leben" und was nicht?

Der Begriff des guten Lebens wird hier verwendet, um eine Frage auszudrücken, die die Menschen seit jeher beschäftigt: Welches sind die wichtigsten Elemente eines sinnvollen, menschenwürdigen Lebens? Dabei geht es nicht um die Frage, wie ein Mensch leben soll (was also ein moralisch gutes oder ein ‚richtiges' Leben ist), sondern um die Frage, welches die Elemente eines erfüllten Lebens sind, die allen Menschen zustehen.

Menschen haben individuelle Vorstellungen davon, was für sie persönlich ein erfülltes Leben ist, und das ist auch in Ordnung so. Diese verschiedenen individuellen Lebensentwürfe sind so lange gerechtfertigt, als sie Dritte jetzt und in Zukunft nicht daran hindern, nach ihren eigenen Vorstellungen ein erfülltes Leben zu leben.

Konkrete Kriterien sind notwendig, um zu bestimmen, wo die Freiheit des Einzelnen, seinen persönlichen Lebensentwurf zu realisieren, endet, weil er die Freiheit eines anderen Menschen beeinträchtigt, dasselbe zu tun. Das gute Leben ist hier also nicht einfach gleichbedeutend mit dem, was Menschen sich individuell wünschen. Es geht vielmehr darum, legitime und nicht legitime Bedürfnisse zu identifizieren und sicherzustellen, dass alle Menschen ihre legitimen Bedürfnisse befriedigen können. Diese letzteren Bedürfnisse werden hier „objektive Bedürfnisse" genannt und die übrigen Bedürfnisse „subjektive Wünsche". Die Kriterien zur Begrenzung der Freiheit des Einzelnen ergeben sich aus der Vorstellung darüber, was zu den legitimen Bedürfnissen zählt, die Menschen auf jeden Fall befriedigen können sollen und welche externen Bedingungen allen Menschen (jetzt und in Zukunft) dafür zur Verfügung stehen sollen. Subjektive Wünsche sind nicht grundsätzlich schlecht; Menschen haben aber nicht dasselbe moralische Recht darauf, dass diese befriedigt werden, wie dies bei objektiven Bedürfnissen der Fall ist.

Mit der Benennung objektiver Bedürfnisse ist keine Vorgabe für die individuelle Lebensführung verbunden – es kann also nicht darum gehen, Menschen eine bestimmte Lebensweise vorzuschreiben. Es geht vielmehr darum, die Bedingungen zu definieren, die alle Menschen haben sollen, um darin ihre individuelle Vorstellung eines erfüllten Lebens zu realisieren (und dazu gehört die Freiheit, von diesen Bedingungen und Möglichkeiten Gebrauch zu machen oder nicht).

(Siehe zum guten Leben auch die Erläuterungen in den Grundlagen) auf die Quantität und Qualität natürlicher Ressourcen, sondern sind sehr allgemein alle Mittel, die dazu erforderlich sind, dass etwas Bestimmtes geschieht bzw. getan werden kann. Ressourcen können materieller oder auch immaterieller Art sein – Bildung ist ebenso eine Ressource wie saubere Luft, eine Altersvorsorge oder Rechtssicherheit.

Um gemeinschaftlich getragene Vorstellungen eines guten Lebens zu entwickeln, kann und sollte man zwar auf wissenschaftliche Theorien und Ergebnisse zurückgreifen, das reicht aber nicht aus. Vielmehr muss dies Gegenstand gesellschaftlicher Aushandlungsprozesse sein. Insofern sollte das Anstoßen von Aushandlungsprozessen, bei denen gemeinsame Vorstellungen eines guten Lebens entwickelt werden, ein wichtiges Element von Nachhaltigkeitsstrategien sein. Solche Prozesse können zur Akzeptanz und Effektivität der auf ihnen aufbauenden Interventionen beitragen sowie zu langfristiger politischer Stabilität und Partizipation. Bedingung dafür ist, dass die politische Beteiligungsgerechtigkeit sichergestellt wird, indem solche Aushandlungsprozesse gut vorstrukturiert und begleitet werden. Die Ergebnisse solcher Prozesse sind auch dienlich als Grundlage zur gemeinschaftlichen Bestimmung von Leitlinien nachhaltigen Konsums (zu diesen Leitlinien äußert sich die Aushandlungs-Botschaft näher).

Für alle Menschen die Bedingungen für ein erfülltes Leben zu schaffen, bedeutet Minimal- und Maximalstandards zu definieren

Die oben angesprochenen individuellen Rechte und kollektiven Verpflichtungen beziehen sich auf Minimalstandards des Zugangs zu natürlichen und gesellschaftlichen Ressourcen, die gegeben sein müssen, um Menschen ein gutes Leben zu ermöglichen. Wir sollten uns also als Gesellschaft darauf einigen, über welche Ressourcenausstattung Menschen minimal verfügen sollten, damit sie die Möglichkeit haben, ein erfülltes Leben nach ihren eigenen individuellen Vorstellungen zu führen. Das lässt sich recht konkret für Deutschland tun. Und es wird auch getan, wenn wir darüber nachdenken oder sogar gesetzlich festlegen, wie hoch sozio-kulturelle Existenzminima sind, das heißt wie hoch der

Umfang finanzieller Ressourcen ist, der als minimal erachtet wird, um in Deutschland angemessen leben zu können, wie viele Ärztinnen und Ärzte es pro 1000 Einwohnerinnen und Einwohner geben soll oder wie weit die Distanz zur nächsten Postfiliale oder zur nächsten ÖPNV-Haltestelle höchstens sein darf.

Damit, dass man individuelle Minimalstandards festlegt, ist es aber noch nicht getan. Vielmehr gilt es auch Maximalstandards zu definieren, das heißt eine Obergrenze für die Inanspruchnahme natürlicher und gesellschaftlicher Güter, zum Beispiel fossiler Energieressourcen oder Infrastrukturen, jenseits der nicht gewährleistet wäre, dass alle Menschen die Rahmenbedingungen haben, die ihnen zustehen sollten, damit sie ein erfülltes Leben führen können. Zwei gute Gründe sprechen dafür, auch Maximalstandards zu definieren: (1) Die Endlichkeit gewisser natürlicher Ressourcen („planetarische Grenzen") und die limitierten Möglichkeiten der Gesellschaft, gesellschaftliche Ressourcen zur Verfügung zu stellen. (2) Der nicht nur in Deutschland, sondern auch in anderen Ländern zunehmend lauter werdende Ruf, Ungleichheiten in einer Gesellschaft (zum Beispiel hinsichtlich Einkommen) seien zu beschränken. Dieser Ruf wird gestärkt durch den Befund etwa aus der Glücksforschung, wonach die Gleichung „mehr Güter = mehr Lebenszufriedenheit" nicht immer aufgeht, dass also die Ausstattung mit Gütern über ein bestimmtes Maß hinaus nicht glücklicher macht. Der erste Grund sagt uns, dass wir Maximalstandards festlegen sollten, und der zweite, dass wir solche Maximalstandards festlegen dürfen.

Maximalstandards sind etwa die Deckelung der höchsten Gehälter in einem Unternehmen. Weitere Beispiele für im weitesten Sinne vergleichbare, gesellschaftlich vereinbarte (bzw. gesellschaftlich akzeptierte) Maximalstandards sind zum Beispiel die Festsetzung einer Höchstgeschwindigkeit auf Straßen, einer Alkoholgrenze am Steuer oder Regelungen für Öffnungszeiten in Handel und Gastronomie. Maximalstandards lassen sich aber nicht nur auf einer individuellen Ebene, sondern auch auf einer aggregierten Ebene definieren. Maximalstandards auf einer aggregierten Ebene finden sich beispielsweise im Umweltbereich als Grundlage für den Emissionshandel, für den die maximale Emissionsmenge definiert und in die Anzahl der auszugebenden Emissionszertifikate umgerechnet wird, die dann wiederum unter den Nationalstaaten verteilt werden.

Man darf also davon ausgehen, dass es einen ‚Korridor' der Ressourcenausstattung gibt, innerhalb dessen Menschen nach ihren individuellen Vorstellungen ein gutes Leben führen können, ohne diese Möglichkeit für andere Menschen zu verhindern. Daher sind eine gesellschaftliche Diskussion und eine Einigung nicht nur darüber anzustreben, was ein gutes Leben ausmacht, sondern auch darüber, welche Minimal- und Maximalstandards der Ressourcenausstattung dafür gewährleistet werden sollen und können. Kurzfristig kann und muss dies auf nationaler Ebene erfolgen. Langfristig muss eine regionale und globale Ausweitung dieser Diskussion das Ziel sein. Sowohl in der Diskussion als auch in der Umsetzung von Minimal- und Maximalstandards muss die Vielseitigkeit der Vorstellungen eines guten Lebens in und zwischen Gesellschaften berücksichtigt werden. Weder die Vision eines guten Lebens noch die Definition von Minimal- und Maximalstandards dürfen eine Einengung auf einen einzigen Lebensstil nahelegen.

Für die Umsetzung muss überlegt werden, inwieweit Minimal- und Maximalstandards auf individueller und/oder aggregierter Ebene definiert werden können oder müssen. Die individuelle Ebene scheint erforderlich, um die Möglichkeit für ein gutes Leben für das einzelne Mitglied einer Gesellschaft sicherzustellen, sieht sich aber großen Herausforderungen hinsichtlich der Umsetzung gegenüber. Wie kann etwa die exakte Verursachung von CO_2-Emissionen einer einzelnen Person durch Nahrung, Wohnen, Mobilität, Freizeit, Bildung, Gesundheit usw. erfasst und abgerechnet werden? Wie kann zum Beispiel die Durchsetzung individueller Standards so erfolgen, dass sie nicht in eine vollkommene Kontrolle der individuellen Lebensführung mündet, sondern den Individuen die Verwirklichung ihrer eigenen Vorstellungen eines erfüllten Lebens innerhalb der definierten Korridore erlaubt? Als möglicher erster Zugang zur Festlegung von Maximalstandards bei höchstmöglicher

Freiheit bietet sich der Weg über Einkommensbegrenzungen oder eine hohe Besteuerung großer Einkommen und Vermögen an.

Die aggregierte Ebene scheint gerade im internationalen Kontext als nützlich und erforderlich. Auch hier finden sich verschiedene Aktivitäten, die in die Richtung der Definition von Minimal- und Maximalstandards gehen. Minimalstandards werden zum Beispiel im Rahmen des Entwicklungsprogramms der Vereinten Nationen oder der „Millennium Development Goals" ausgehandelt. Erste Formen von Maximalstandards wiederum finden sich vor allem im Rahmen einzelner Umweltregime wie des Kyoto-Protokolls und seiner Mechanismen.

Minimal- und Maximalstandards zu definieren ist untrennbar mit Fragen der Verteilungsgerechtigkeit verbunden

Sobald Minimal- und Maximalstandards ins Spiel kommen, wird offensichtlich, dass sich nachhaltiger Konsum nicht von Fragen der Verteilungsgerechtigkeit trennen lässt. Nicht nur weltweit gesehen, sondern auch in Deutschland und in anderen Industrienationen sind die Chancen und Ressourcen nicht so verteilt, dass alle Menschen die gleiche Möglichkeit haben, ein gutes Leben zu führen.

Seit Längerem diskutiert wird dies bezogen auf natürliche Ressourcen, bei denen es so ist, dass ein kleiner Teil der Weltbevölkerung einen unverhältnismäßig großen Teil verbraucht, was sich auf Preise und Lebensqualität für alle auswirkt. Es gilt aber auch für andere Ressourcen. Minimal- und Maximalstandards ernst zu nehmen, bedeutet, dass für alle eine angemessene Teilhabe an gesellschaftlichen und natürlichen Ressourcen sichergestellt werden muss. So gesehen bedeutet Nachhaltigkeit im Konsum auf der einen Seite eine Verhinderung des Überkonsums durch einige, um anderen ausreichende Konsummöglichkeiten zu eröffnen; auf der anderen Seite bedeutet es, dass andere mehr konsumieren dürfen, als sie bisher konnten. Der Aspekt der Verteilungsgerechtigkeit geht aber über die Frage des Ressourcenzugangs hinaus und bezieht sich auch auf die Frage nach den Charakteristika einer Gesellschaft, in der ein gutes Leben möglich ist.

Vor dem Hintergrund der Verteilungsgerechtigkeit ist die Definition individueller Maximal- und Minimalstandards eine Frage der Gerechtigkeit insbesondere innerhalb einer Gesellschaft und die Definition aggregierter Maximal- und Minimalstandards eine Frage insbesondere internationaler Gerechtigkeit.

Nachhaltiger Konsum ist mit Effizienzsteigerungen allein nicht erreichbar, sondern erfordert auch Suffizienzstrategien

Wird Nachhaltigkeit mithilfe von minimalen und maximalen Ressourcenausstattungen für Menschen bestimmt, ist klar, dass eine reine Konzentration auf Effizienzstrategien und Effizienzgewinne, das heißt auf Maßnahmen, die den für einen bestimmten Output (zum Beispiel ein Produkt) benötigten Input (in diesem Zusammenhang insbesondere an natürlichen Ressourcen) verringern, nicht dazu dienlich wäre, Konsum nachhaltig zu machen. Das würde ein verkürztes, unzureichendes Verständnis von Nachhaltigkeit darstellen, da es den Fokus auf natürliche Ressourcen einschränken würde. Außerdem hat die bisherige Erfahrung gelehrt, dass Effizienzgewinne in einem Bereich oft durch Konsumsteigerungen in diesem oder einem anderen Bereich mehr als kompensiert werden. Schließlich würde die Beschränkung auf Effizienzförderung einseitig auf eine bestimmte Art von Steuerung setzen, ohne dabei zum Beispiel Fragen der Teilhabe- und Verteilungsgerechtigkeit ausreichend zu berücksichtigen. Effizienzstrategien können aber durch erzielte Effizienzgewinne dazu beitragen, den ‚Korridor', in dem Menschen ihre individuellen subjektiven Wünsche verwirklichen können, möglichst breit zu halten.

Wird Nachhaltigkeit am Ziel des guten Lebens und an der Definition von Minimal- und Maximalstandards festgemacht, ist deshalb auch eine Diskussion von Suffizienzstrategien unumgänglich. Suffizienz bedeutet, auf die objektiven Bedürfnisse zu fokussieren, die ein gutes Lebens ausmachen. Damit ist nicht pauschal Genügsamkeit oder Verzicht oder die simple ‚Umdrehung' der Gleichung „mehr Güter = mehr Lebenszufriedenheit" in „weniger Güter = mehr Lebenszufriedenheit" gemeint.

> **Effizienzstrategien stoßen an Grenzen**
>
> *Forschungsergebnisse aus dem Verbund „Transpose" bestätigen, dass der Gewinn durch Effizienzsteigerung begrenzt ist.*
>
> Bei den Haushaltsgeräten haben Effizienzgewinne im Bereich Kühlen große Potenziale; sie haben ermöglicht, den Stromverbrauch von Privathaushalten zu senken. Deshalb ist der Austausch ineffizienter Geräte in mehreren Staaten mit Prämienprogrammen gefördert worden. Gleichzeitig war jedoch ein Trend zu immer größeren Geräten festzustellen. Außerdem wurde das Altgerät zum Teil nicht entsorgt, sondern zum Zweitgerät gemacht, in dem zum Beispiel im Keller die Getränke gekühlt werden. Ein ähnlicher Trend zu immer größeren Geräten ist auch bei Fernsehgeräten zu beobachten, allerdings ohne dass Effizienzverbesserungen im gleichen Ausmaß stattgefunden hätten.
> Lange bekannte gesellschaftliche Entwicklungen, die ebenfalls die Grenzen von Effizienzstrategien aufgezeigt haben, gibt es zum Beispiel in den Bereichen Mobilität und Nahrung. So sind die Effizienzsteigerungen bei Automobilen in den vergangenen Jahrzehnten durch die Zunahme an Automobilen und an gefahrenen Kilometern immer mehr als aufgewogen worden. Ebenso stehen Effizienzverbesserungen vergangener Jahrzehnte im Lebensmittelhandel, von der Beleuchtung und Kühlung im Laden bis hin zur Effizienz der Lastwagenflotte, Steigerungen im Verkauf energieintensiver Fleisch- und Fertigprodukte gegenüber.

Dagegen bedeutet Suffizienz, auch Beschränkungen zu akzeptieren in Bezug auf subjektive Wünsche, auf Konsumgüter (Produkte, Dienstleistungen und Infrastrukturen) und auf die Vorstellungen davon, in welchem Umfang Bedürfnisse und Wünsche befriedigt werden sollen, wenn diese die Möglichkeiten Dritter beeinträchtigen, ein gutes Leben zu führen. Die Realisierung einer Suffizienzstrategie kann also zum Beispiel sehr wohl in eine Begrenzung individueller Flugmeilen münden, insofern diese wesentlich zum Klimawandel beitragen und damit die Chancen, ein gutes Leben zu führen, für Teile der Weltbevölkerung bedrohen. Sie kann aber nicht in ein grundsätzliches Verbot von Reiseaktivitäten münden, da diese das objektive Bedürfnis der Mobilität befriedigen. Durch Effizienzstrategien wiederum, das heißt zum Beispiel die

Nutzung der Eisenbahn anstelle des Flugzeuges, lässt sich der Umfang individuell zulässiger Reiseaktivitäten vergrößern. Das Nachdenken über Maximalstandards legt also eine vermehrte Aufmerksamkeit auf Suffizienzstrategien nahe, wobei Effizienz und Suffizienz nicht gegeneinander ausgespielt werden sollten. Suffizienz, so verstanden, geht einher zum Ersten mit einem gesellschaftlichen Diskurs über das gute Leben und darüber, welches dazu dienliche und weniger dienliche Konsumgüter sind, und zum Zweiten mit einer gesellschaftlichen Vorgabe für Maximalstandards des Konsums.

Bei der Verfolgung von Suffizienzstrategien ist eine gewisse Bandbreite von Vorgehensweisen denkbar. Nachhaltigen Konsum auf Fragen eines guten Lebens zu beziehen, legt nahe, die Werte, die Menschen mit dem Konsum von Produkten und Dienstleistungen verbinden, expliziter und forcierter zu hinterfragen. Eine Umwertung und Neuwahrnehmung von Gütern und Aktivitäten vor dem Hintergrund ihres Beitrags zu einem erfüllten Leben kann hier ein produktiver Schritt sein. Eine solche Umwertung wäre es zum Beispiel, wenn die Fahrt mit dem Pkw als anstrengend und als Zeitfresser und die Fahrt mit der Bahn als Möglichkeit zur Erholung und als Zeitgewinn wahrgenommen würden. Gleichzeitig wären allerdings auch politische Entscheidungen notwendig, die unbequem sein können (solche Entscheidungen sind Gegenstand der Mut-Botschaft). Dazu würden insbesondere politische Grenzsetzungen in Form von Maximalstandards gehören, die für einige Mitglieder der Gesellschaft einen Verzicht auf bestimmte Formen des Konsums bedeuten würden.

Maximalstandards für den Konsum verunmöglichen wirtschaftliche Aktivitäten nicht, sondern bieten Chancen für alternative Wirtschaftsmodelle

Vor diesem Hintergrund sind wirtschaftliche und politische Aktivitäten und Aufrufe zur kontinuierlichen Steigerung des Konsums zu überdenken. Das heißt nicht, dass man wirtschaftlichen, gewinnorientierten Unternehmen ihr Streben nach Gewinn zum Vorwurf machen sollte.

Vielmehr wäre es sinnvoll, wirtschaftliche Aktivitäten in die Richtung neu zu definieren, dass sie dem individuellen und gesellschaftlichen Streben nach der Ermöglichung eines guten Lebens besser dienen. Gewinn lässt sich auch realisieren, ohne dass Unternehmen möglichst viele Produkte verkaufen, und Unternehmen nehmen das durchaus so wahr. Eine funktionierende Wirtschaft ist nicht zwingend angewiesen auf eine Massenproduktion, die auf stetes Wachstum ausgerichtet ist. Elemente eines alternativen Wirtschaftsmodells, in dem Unternehmen auch Gewinn machen können, wären insbesondere folgende: Handel mit Dienstleistungen anstelle des Handels mit Produkten bzw. das Anbieten von Dienstleistungen (Pflege, Update, Reparatur) rund um die verkauften Produkte; eine konsumkritische Öffentlichkeit, die im Konsum auf Qualität und Nachhaltigkeit setzt, statt auf Quantität; die Verbreitung alternativer Konsumstile, wie sie etwa im Trend „Nutzen statt Besitzen" oder in lokalen Initiativen wie Community Supported Agriculture sichtbar werden; Entkoppelung zwischen den Vorstellungen eines erfüllten Lebens und materiellem Konsum mit dem entsprechenden wirtschaftlichen Durchsatz; ein Wandel der Arbeitswelt hinsichtlich der Verteilung von Einkommen, Arbeitszeit und Mitbestimmung.

Die Umsetzung eines ‚Korridors für das gute Leben' erfolgt in drei Schritten

Drei Schritte sind notwendig zur Umsetzung der Idee von Minimal- und Maximalstandards in der Ressourcenausstattung als Grundlage nachhaltigen Konsums. Beim ersten Schritt gilt es, in einem grundlegenden Sinne Aufmerksamkeit und Akzeptanz zu schaffen für die Definition und Durchsetzung von Minimal- und Maximalstandards. Dabei kann man darauf aufbauen, dass Diskussionen über Minimalstandards, wie zum Beispiel Fragen der Grundsicherung, an vielen Orten mindestens in Teilen bereits Alltag sind, ganz im Gegensatz zu Diskussionen über Maximalstandards. Bislang dominieren konsumtreibende Kräfte im öffentlichen Diskurs ebenso wie im politischen Prozess. Diese zu identifizieren, zu hinterfragen und zu begrenzen, ist eine fundamentale

Herausforderung der Verfolgung von Nachhaltigkeit. Flankierend sollte deshalb die weit verbreitete Vorstellung „mehr Konsum ist besser", die nicht zuletzt von der Werbung aufrechterhalten wird, in Frage gestellt werden. Als zweiter Schritt ist die Einrichtung und Institutionalisierung eines gesellschaftlichen Prozesses zur Aushandlung und Definition solcher Standards notwendig. Drittens müssen diese Standards dann im politischen Prozess durchgesetzt werden.

Empfehlungen

Für die Idee von Minimal- und Maximalstandards sensibilisieren

Um die Idee der Minimal- und Maximalstandards in den öffentlichen Diskurs zu bringen und Akzeptanz für sie zu schaffen, gibt es eine von der Regierung eröffnete, von öffentlichen und zivilgesellschaftlichen Akteuren vorangetriebene und von den Medien begleitete dreijährige Dialogoffensive. Dazu werden Kommunen, Bildungseinrichtungen, Kirchen, Vereine sowie Organisationen im Umwelt- und Sozialbereich, aber auch Verbraucherorganisationen eingeladen, entsprechende Arbeitskreise einzurichten. Diese unterbreiten einem für drei Jahre einberufenen Expertengremium auf Bundesebene, bestehend aus Vertreterinnen und Vertretern unterschiedlicher gesellschaftlicher Gruppen und Sektoren, Vorschläge für Minimal- und Maximalstandards sowie für Elemente, die sie als wesentlich erachten für ein gutes menschliches Leben. Vorschläge können darüber hinaus individuell unter Nutzung der neuen Medien direkt eingebracht werden. Einmal jährlich stellt das Expertengremium einen Bericht mit Vorschlägen zu Minimal- und Maximalstandards basierend auf gesellschaftlichen Visionen eines guten Lebens vor.

Konsumtreibende Werbung einschränken

Werbung, die sich nicht-nachhaltiger Konsummuster bedient bzw. zu solchen anregt oder diese stillschweigend duldet, soll gleich behandelt werden wie Werbung, die sich diskriminierender Bilder bedient oder zu

„unsozialem Verhalten" anregt. Der Deutsche Werberat nimmt deshalb in seine „Grundregeln zur kommerziellen Kommunikation" die Regel auf, dass auch Werbung vermieden bzw. geahndet werden soll, die unkritisch die Gleichung „mehr Güter = mehr Lebenszufriedenheit" unterstützt und so die falsche Gleichsetzung eines guten Lebens mit dem Besitz von Konsumgütern fördert. Dasselbe gilt für irreführende Werbung, die mit einer nicht-gegebenen „Nachhaltigkeit" oder „Umweltverträglichkeit" von Produkten wirbt.

Mut-Botschaft

Soll nachhaltiger Konsum Wirklichkeit werden, sind unbequeme Entscheidungen der Politik nötig

Mythos

Nachhaltiger Konsum ist ohne tiefgreifende gesellschaftliche Veränderungen erreichbar. Niemand muss sein Verhalten stark verändern, Einschränkungen hinnehmen oder Unannehmlichkeiten ertragen. Eine Mischung von technischem Fortschritt, ein wenig gutem Willen und einer unmerklichen Veränderung der gesellschaftlichen Rahmenbedingungen wird dafür sorgen, dass nachhaltiger Konsum verwirklicht wird. Die Politik kann deshalb mit moderaten Reformen den Weg zu nachhaltigem Konsum bahnen.

Gegenentwurf

Nachhaltigkeit im Konsum lässt sich nicht erreichen, indem man hier ein bisschen das Verhalten und dort ein wenig die Rahmenbedingungen ändert; immer gerade nur so viel, dass es den Betroffenen nicht wirklich weh tut. Es bedarf grundlegender Reformen nicht nur einzelner Konsumfelder, sondern des Konsumsystems insgesamt. Diese Reformen stellen sich nicht von selbst ein, sondern erfordern politische Entscheidungen. Die tun oft weh und rufen deshalb Widerstand hervor. Sie sind unbequem und fordern Politikerinnen und Politikern einigen Mut ab. Diese müssen auch dann für weitreichende Änderungen eintreten, wenn es große Betroffenengruppen und mächtige Akteure gibt, denen solche Änderungen nicht gefallen.

Grundlegende und umfassende Veränderungen sind notwendig, um nachhaltigen Konsum zu erreichen

Angesichts der großen ökologischen und sozialen Probleme dieser Welt spricht nicht viel dafür, dass wir in das Zeitalter der Nachhaltigkeit eintreten können nach der Devise „Wasch mir den Pelz, aber mach mich nicht nass". Der Reformbedarf ist groß: Unsere Systeme der Energieerzeugung und des Energieverbrauchs sind noch immer weit davon entfernt, klimaverträglich zu sein. Wir stehen erst am Anfang der Energiewende. Unsere Autos sind in den letzten Jahren zwar umweltfreundlicher geworden, der Zuwachs des Individualverkehrs frisst jedoch die meisten dieser Fortschritte wieder auf. Eine Verkehrswende ist deshalb erforderlich. Unsere Ernährungsweise ist nicht nur häufig ungesund; die konventionelle Erzeugung der Lebensmittel ist außerdem mit einer langfristigen Sicherung unserer Böden kaum zu vereinbaren, und die Menge der über die ganze Kette von Produktion und Konsum weggeworfenen Lebensmittel ist nicht akzeptabel. Eine Ernährungswende gehört mithin auch auf die Liste. Diese ökologische Mängelliste und die damit einhergehende Liste notwendiger Veränderungen ließen sich mühelos verlängern.

Aber nicht nur aus ökologischen, sondern auch aus sozialen und wirtschaftlichen Gründen stehen viele unserer Konsumgewohnheiten auf dem Prüfstand. Die Globalisierung hat zu einer weltweiten Suche nach kostenoptimalen Produktionsmöglichkeiten geführt. Die Unternehmen suchen nach Ländern, in denen die Löhne niedriger, die Sicherheitsstandards lockerer und die Umweltgesetzgebung liberaler sind als in Deutschland. Das spart Kosten und führt zu einem immer größeren Angebot von billigen Konsumgütern wie Kleidung oder Computern. Sich ohne finanzielle Sorgen mit Konsumgütern eindecken zu können, stellt für Konsumentinnen und Konsumenten in den reichen Ländern dieser Welt einen Fortschritt dar. Dieser Trend ist auch für die Arbeiterinnen und Arbeiter in den produzierenden Fabriken am anderen Ende der Welt eine Chance, am materiellen Fortschritt teilzunehmen und die eigenen Lebensbedingungen deutlich zu verbessern. Aber allzu häufig geht der günstige Preis der Güter, die bei uns verkauft und anderswo auf der Welt hergestellt werden, mit unerträglichen Lebens- und Arbeitsbedingungen einher. Ein anderes Beispiel sind die steigenden Ansprüche an medizinische Gesundheits- und Vorsorgeleistungen und die Art und Weise, wie diese finanziert werden. Sie haben zur Folge, dass die Gesundheitsversorgung für die Gesellschaft als Ganze immer untragbarer wird und immer mehr Menschen von Errungenschaften einer guten Gesundheitsversorgung ausgeschlossen sind. Deshalb ist die Liste des Reformbedarfs auch aus sozialen und wirtschaftlichen Gründen lang.

Bereits diese wenigen Beispiele machen deutlich, dass die nötigen Reformen weit über eine Änderung des Konsumhandelns von Individuen hinausgehen. Eine Verkehrswende erfordert etwa auch eine Überprüfung der Stadtplanung, eine Ernährungswende geht nicht ohne kritische Beleuchtung der Agrarindustrie, eine Verbesserung der Lebens- und Arbeitsbedingungen in produzierenden Ländern verlangt eine Diskussion über internationale Handelsregulierungen, um das Gesundheitswesen zu sanieren, müssen die staatlichen Leistungen der Gesundheitsversorgung und das Tarifsystem für Medikamente eventuell neu definiert werden – usw. Es gilt also, das Handeln und das Zusammenspiel aller Akteure sowie die Anreize in den einzelnen Konsumfeldern und im Konsumsystem insgesamt kritisch zu prüfen und bei Bedarf radikal zu ändern – und dabei das Wohl der Allgemeinheit sicherzustellen. Veränderungen sind dabei nicht nur auf nationaler Ebene nötig, sondern genauso international, wenn es zum Beispiel um Zölle, Einfuhrbestimmungen oder Entsorgungsvorschriften geht.

Hinzu kommt: Die Ziele in den einzelnen Politikbereichen sind anspruchsvoll und müssen das auch sein. Besonders deutlich zeigt sich dies bei den bereits formulierten Umweltzielen. Diese sollen sicherstellen, dass unsere Art des Produzierens und Konsumierens in der Umwelt keine Schäden hervorruft, für deren Reparatur uns die technischen Mittel fehlen oder bei denen selbst großer gesellschaftlicher Reichtum nicht mehr für eine Reparatur ausreicht. Allein für den Bereich der Klimapolitik sind sich viele Akteure darin einig, dass eine drastische Senkung der CO_2-Emissionen in den Industrieländern erforderlich ist. Für Deutschland zum Beispiel hat sich die Bundesregierung zum Ziel gesetzt, die Treibhausgasemissionen bis zum Jahr 2020 um 40 Prozent und bis 2050 um 80 bis 95 Prozent zu reduzieren (jeweils bezogen auf das Basisjahr 1990). Das sind auf den ersten Blick nur abstrakte Zahlen. Auf den zweiten Blick erkennt man aber schnell: Das geht nur, wenn Strom weitgehend ohne fossile Energieträger erzeugt wird, die Autos so gut wie CO_2-frei fahren und die Häuser im Passivhausstandard gebaut werden, also ohne Energie für das Heizen auskommen.

Hier zeigt sich auch, dass nachhaltiger Konsum Teil eines sehr langfristigen Projekts ist: Das Projekt, moderne Industriegesellschaften in Richtung Nachhaltigkeit ‚umzubauen', muss in Zeitspannen von zehn, zwanzig oder fünfzig Jahren gesehen werden und nicht in Wahlzyklen von vier oder fünf Jahren. Die Gefahr ist groß, dass ein solches Projekt jedes Mal wieder umgekrempelt wird, wenn andere politische Farben an der Macht sind. Die Kurzatmigkeit von Medien, die in immer kürzeren Abständen immer grellere Neuigkeiten produzieren müssen, um ihre Kundschaft bei Laune zu halten, gefährdet ein solches Projekt zusätzlich. Die Langfristigkeit dieses Projekts ist für Politiker, die von Wahl zu Wahl denken (ebenso wie für alle übrigen Akteure, deren Planungs- und Aktionshorizont ein paar wenige Wochen, Monate oder Jahre nicht übersteigt), unbequem. Denn sie führt dazu, dass kurzfristige Vorteile zugunsten langfristiger Reformen hintangestellt werden müssen.

Schließlich und endlich: Solche Reformen kosten nicht nur eine Menge Geld, das die Bürger und Bürgerinnen entweder in ihrer Rolle als Steuerzahlerin oder in ihrer Rolle als Verbraucher zahlen müssen. Sie sind auch insofern teuer, als sie mit tiefgreifenden Änderungen individueller Konsumgewohnheiten verbunden sind. Sie haben zur Folge, dass sich Menschen nicht mehr ohne Weiteres alle Konsumwünsche erfüllen können. Ob es um die Freiheit geht, sich ein Sport Utility Vehicle (SUV) vor die Tür zu stellen oder bei seinem Haus lieber in die Dachterrasse als in die Dämmung zu investieren, ob es um den Wunsch geht, seine Garderobe jede Saison zu erneuern oder um die Möbelwahl für das Wohnzimmer, jedes Mal stellen sich grundlegende Fragen nach den Grenzen des zulässigen Konsums (diese Grenzen lassen sich auch als ‚Korridor' fassen, siehe Korridor-Botschaft).

Konsumhandlungen sind in größere Systeme eingebettet, die einige Verhaltensweisen belohnen und andere erschweren. Die kulturellen Standards unseres Lebens in Deutschland nötigen uns zum Beispiel oft zum Fast Food, weil wir anderenfalls nicht mehr genügend Zeit für unsere sonstigen Verpflichtungen zu haben glauben. Die Infrastrukturen, in denen wir uns bewegen, begünstigen oft nicht-nachhaltiges Verhalten, zum Beispiel den motorisierten Individualverkehr. Und die Märkte belohnen nachhaltige Güter und Dienstleistungen nicht oder nur unzureichend; Güter, die nachhaltiger sind als andere, sind eben auch oft teurer. Für die Entstehung, Erhaltung und Veränderung solcher Systeme und der darin wirkenden Mechanismen ist nicht nur der Staat verantwortlich, allerdings kommt dem Staat eine herausragende Rolle zu, wenn es um grundlegende Reformen geht (zur Rolle der anderen Akteure siehe Struktur-Botschaft).

Die erforderlichen Veränderungen geschehen nicht von allein, sie müssen gegen Widerstände durchgesetzt werden

Dass die Konsumgewohnheiten in den reichen Ländern der Welt nicht mit einer Nachhaltigen Entwicklung vereinbar sind, ist nicht neu. Umwelt- und sozialverträglicher Konsum ist ein Thema, das bereits seit den 1970er-Jahren immer wieder und in immer neuen Anläufen diskutiert wurde. Die Zahl der Initiativen, die andere Formen des Konsums propagieren und betreiben, ist stetig angewachsen und mittlerweile kaum noch überschaubar (dass solche Initiativen wichtig sind auf der Suche nach nachhaltigen Konsum- und Lebensstilen, ist Thema der Such-Botschaft). Sie reicht von alternativen Formen der Energieerzeugung über Car-Sharing-Initiativen bis hin zu Reformbewegungen, die soziale Standards für die Erzeugung von Lebensmitteln und Blumen aus Ländern des Südens propagieren. Spätestens seit in den meisten Supermärkten eine Bio-Ecke eingerichtet worden ist und Fair-Trade-Kaffee und -Schnittblumen vielerorts selbstverständlich im Angebot sind, muss man davon ausgehen, dass dieser Trend in der Mitte der Gesellschaft angekommen ist. Es sind also durchaus Veränderungen des Konsumhandelns in eine sozial- und umweltverträglichere Richtung festzustellen.

Das heißt jedoch nicht, dass wir getrost abwarten können, wie diese Art des Wandels sich Stück für Stück durchsetzt. Dafür sind die Ziele zu ambitioniert, die geschilderten Veränderungen dauern zu lange. Der erforderliche gesellschaftliche Wandel stößt nicht nur auf Schwierigkeiten bei der Umsetzung – zum Beispiel auf den Widerstand jener Interessengruppen, die von einem nicht-nachhaltigen Konsum ökonomisch profitieren. Änderungen des individuellen Konsums reichen oft auch nicht aus, wenn sich nicht auch die kulturellen, sozialen und ökonomischen Systeme ändern, in denen dieser Konsum stattfindet.

Ohne eine Änderung grundlegender Mechanismen läuft nachhaltiger Konsum Gefahr, ein zwar beachtliches, aber eben doch ein Randphänomen der Gesellschaft zu bleiben. Die Geschichte tut uns meistens nicht den Gefallen, dass große Veränderungen einfach ‚geschehen'; sie müssen oft erst durch politische Entscheidungen herbeigeführt werden (zum Beispiel Abschaffung der Sklaverei, Einführung der Schwemmkanalisation, Abschluss von Freihandelsabkommen, Einführung der allgemeinen Schulpflicht, Einführung der sozialen Pflichtversicherungen). Deshalb sind auch im Konsum erhebliche Eingriffe in solche Systeme wie die Märkte und ihre politischen Rahmenbedingungen notwendig, um sicherzustellen, dass nachhaltiger Konsum sich durchsetzen kann. Es ist die Aufgabe der Politik, entsprechende Reformen zu beschließen (obwohl natürlich, wie in der Struktur-Botschaft betont, ganz viele andere Akteure ebenfalls strukturbildend wirken).

Politik für einen nachhaltigen Konsum beinhaltet also nicht nur, hier und da bei den Produktkennzeichnungspflichten etwas nachzubessern, mehr Informationen zum Stromverbrauch unter das Volk zu bringen oder den Verkauf von Fußbällen zu verbieten, die in Kinderarbeit hergestellt werden. Solche Maßnahmen sind sicher gut und richtig, greifen aber nicht tief genug. Politikerinnen und Politiker sind aufgerufen, die grundlegenden Bedingungen für nachhaltigen Konsum zu schaffen. Es ist ihre Aufgabe, nicht nur das individuelle Konsumhandeln, sondern das ganze Konsumsystem im Blick zu haben und bei steuernden Eingriffen auf die Veränderung der Zusammenhänge von Produktion, Handel und Konsum zu zielen (nicht nur national, sondern auch in weltwirtschaftlichen Dimensionen). Gefragt sind also Entscheidungen mit großer Wirkung für das ganze System (eine solche Entscheidung könnte zum Beispiel darin bestehen, Minimal- und Maximalstandards für den Konsum zu definieren, siehe Korridor-Botschaft). Solche Entscheidungen erfordern Mut und sind oft unbequem.

Mutige und unbequeme Entscheidungen sind erforderlich ...

Bei der Wahrnehmung dieser Aufgabe haben es die Politikerinnen und Politiker nicht leicht. Wer grundlegende Veränderungen einfordert, wer nach den Grenzen des zulässigen Konsums fragt, wer Gemeinwohl und Zukunftsfähigkeit stärker gewichten will als kurzfristige Vorteile, macht sich nicht beliebt. Gerade wenn Entscheidungen tiefgreifend und weitreichend sind, berühren sie oft die Interessen zahlreicher und mächtiger gesellschaftlicher Gruppen, zumindest für einen Übergangszeitraum. Viele Beispiele können diesen Gedanken untermauern: Große Energieversorger fürchten um ihre Rendite, wenn Atomkraftwerke stillgelegt oder fossile Kraftwerke vorfristig vom Netz genommen werden sollen. Internationale Bekleidungsketten fürchten um ihre Wettbewerbsfähigkeit, wenn Mindestlöhne und das Einhalten sozialer Mindeststandards eingefordert werden. Automobilfirmen fürchten um ihre Absatzmöglichkeiten, wenn ganze Verkehrssysteme umgestaltet werden oder um ihre Wettbewerbsvorteile, wenn Elektroautos zur Massenware werden. Nahrungsmittelkonzerne fürchten um ihre Marktanteile, wenn die nahräumliche und gesunde Versorgung zum Standard wird. Es sind aber nicht nur Unternehmer, die sich durch solche Entscheidungen bedroht fühlen können, sondern oft gehen auch ihre Belegschaften und die Bevölkerung in den Regionen, in denen sie zu Hause sind, in Opposition. Wer in einer solchen Region seinen Wahlkreis hat, muss fürchten, von den Wählerinnen und Wählern um sein politisches Amt gebracht zu werden, wenn er sich für Nachhaltigkeit einsetzt und sich gegen solche Interessen stemmt.

Weil manche notwendigen Entscheidungen auch die Freiheit einschränken, zwischen beliebigen Konsumhandlungen zu wählen, können Politikerinnen und Politiker, die für einen nachhaltigen Konsum eintreten, den Widerstand der Konsumenten selbst provozieren. Die vielen Kontroversen um das Rauchen geben davon ein beredtes Zeugnis. Muss die Reklame so abschreckend sein? Warum darf man in öffentlichen Gebäuden nicht rauchen? Müssen in Gaststätten wirklich Raucherräume eingerichtet werden? Die Raucherinnen und Raucher fühlen sich offensichtlich bevormundet und artikulieren das. Das ist bei vielen anderen Maßnahmen, die sich ebenfalls einem nachhaltigen Konsum zuordnen lassen, nicht anders.

Das alles macht viele gewichtige Entscheidungen zugunsten eines nachhaltigen Konsums zu unbequemen Entscheidungen. Unbequem für diejenigen gesellschaftlichen Gruppen, deren Interessen negativ betroffen sind. Unbequem für viele Konsumenten, deren Konsumhandeln sich ändern muss. Aber vor allem auch unbequem für die Politikerinnen und Politiker, die sie vorschlagen, die dafür einstehen und die sie treffen und sich damit den Widerstand vieler Interessengruppen einhandeln können.

Dies gilt umso mehr, als die Protagonisten eines nachhaltigen Konsums oft eine politisch schwache Gruppe sind – zahlenmäßig zwar stark, aber oft heterogen, schlecht organisiert und mit zu wenig Geld ausgestattet, um erfolgreiche Lobbyarbeit für die eigenen Überzeugungen machen zu können. Oft sind es soziale Bewegungen und die Verbraucherverbände, die sich für Anliegen eines nachhaltigen Konsums stark machen. Sie haben ebenfalls deutlich weniger Geld als ihre Kontrahenten, weniger Einfluss auf die Entscheider und Entscheiderinnen in unserer Gesellschaft und sind oft nicht so professionell aufgestellt wie ihre politischen Gegner. Das alles bedeutet aber keineswegs, dass große und tiefgreifende Entscheidungen zugunsten nachhaltigen Konsums in der Gesellschaft keinen Rückhalt finden würden.

… wir brauchen aber keine einsamen Helden und Heldinnen
Mutigen Entscheidungen seitens der Politik gehen oft politische Bewegungen und Pionier-Aktivitäten von Bürgerinnen und Bürgern voraus, die überhaupt erst ein Nachdenken über grundlegende Veränderungen in Gang setzen. Meist wird dieses Nachdenken gefolgt und begleitet von praktischen Initiativen (zur Bedeutung solcher Initiativen für den gesellschaftlichen Wandel siehe die Such-Botschaft). Auf diese Weise schaffen engagierte Menschen die Voraussetzungen, dass grundlegende Veränderungen auch auf die große politische Bühne kommen. Sie verschaffen dem Anliegen Gehör in den Medien und zwingen die Akteure in der Politik zu Reaktionen. Dies gilt auch für nachhaltigen Konsum. Es gibt, wie bereits dargelegt, eine ganze Reihe von Initiativen, die Nachhaltigkeit im Konsum fördern möchten. Die Bereitschaft zu einem veränderten Konsumhandeln ist also oft vorhanden und bildet einen Boden, der weit reichende Entscheidungen tragen kann; diese Bereitschaft muss allerdings aktiv durch die Politik abgerufen werden.

Nachhaltige Konsumpolitik wird schwerlich erfolgreich sein, wenn man sich als Politiker nur am kleinsten gemeinsamen Nenner einer Meinungsumfrage orientiert. Wer das Anliegen eines nachhaltigen Konsums ‚versteckt' verfolgt, um nicht in Konflikt mit dem vermeintlichen Mehrheitswillen zu geraten, wird garantiert ein einsamer Streiter für eine gute Sache bleiben. Die Deutungshoheit darüber, ob der Konsum reguliert werden soll, und wenn ja, wie, erlangt man nicht durch Leisetreterei. Die Politikerinnen müssen für die Ideen eines nachhaltigen Konsums werben – gerade dann, wenn sie mit diesen Ideen noch nicht in der Mehrheit sind. Sie sollten nicht versuchen, bittere Wahrheiten und harte Maßnahmen unterhalb der Wahrnehmungsschwelle der

Wähler und Wählerinnen zu verstecken. Im Gegenteil: Sie müssen ihre Ziele offensiv erklären und ihre Maßnahmen begründen. Insbesondere muss von Anfang an klar sein, dass eine Politik der Nachhaltigkeit nicht kostenlos ist und durchaus wehtun kann. Nur wenn neben dem Nutzen auch die Kosten klar zur Sprache kommen, wird eine solche Politik nicht beim ersten politischen Gegenwind umgeweht.

Darüber hinaus vereint die Idee der Nachhaltigkeit viele Anliegen, die in der Gesellschaft vorhanden sind und zumeist von unterschiedlichen Akteuren getrennt vertreten und gefördert werden – dazu gehören insbesondere der Schutz der Umwelt, der Schutz der Menschenrechte sowie der Schutz von Arbeiterinnen und Arbeitern. Der Wunsch, den Nachkommen eine lebenswerte Welt und einen funktionierenden Staat zu hinterlassen, ist ebenso dazuzuzählen wie der Wunsch nach Sicherheit und Frieden. Nachhaltiger Konsum ist an solche Anliegen anschlussfähig, und mutige Entscheidungen zugunsten nachhaltigen Konsums können an solche Anliegen ‚andocken'. Politikerinnen und Politiker, denen das gelingt, haben auch bei unbequemen Entscheidungen eine große Chance auf Unterstützung innerhalb der Gesellschaft. Da es so verschiedene Anliegen sind, zu denen potenziell eine Nähe besteht, und da die Gruppe der Personen, die solche Anliegen vertreten, in der Regel politisch schwach ist, fällt es nicht leicht, solche anschlussfähigen Anliegen und die richtigen Bündnispartner zu erkennen. Politikerinnen und Politiker, die sich nach Bündnispartnern in der Zivilgesellschaft umschauen möchten, müssen den Blick entsprechend öffnen und auch nach Anliegen und Akteuren Ausschau halten, die vielleicht nicht auf der Hand liegen. Gelingt dies, wird das Einstehen für und das Treffen von mutigen Entscheidungen erleichtert.

Wichtige Bündnispartner sind sicher die Medien als meinungsbildende Akteure. Eine Skandalisierung von Folgen des Konsums kann manchmal ein auslösender Impuls sein für eine Reform, wie zum Beispiel bei Lebensmittelskandalen. Medien erreichen viele Menschen. Sie bestimmen bis zu einem gewissen Grad, welche Informationen mit welcher Gewichtung verbreitet werden. Sie sind daher wichtige Bündnispartner, wenn es etwa darum geht, Entscheidungen, die unbequeme Folgen haben, gut zu begründen und zu erklären. Gefragt ist dabei jedoch ein langer Atem, gerade dann, wenn es schwirig wird. Es zählen eine seriöse Berichterstattung, eine gute Orientierung in einer unübersichtlichen Vielfalt von Informationen und vor allem eine Nachverfolgung jener Ereignisse, die medial stark gemacht wurden, um alsbald einer noch wichtigeren Neuigkeit Platz zu machen. Gute Beziehungen zu Medien sowie zu Journalisten zu pflegen, die sich durch eine ausgewogene und ‚unaufgeregte' Berichterstattung und eine langfristige Begleitung von Themen auszeichnen statt durch eine Orientierung an kurzatmigem Aktionismus, ist daher für Politikerinnen und Politiker, die sich für einen nachhaltigen Konsum engagieren, wichtig.

Weitere wichtige Bündnispartner sind ferner Wissenschaftlerinnen und Wissenschaftler: Die wissenschaftliche Beratung kann unbequeme Entscheidungen erleichtern, wenn sie Begründungen liefert für eine langfristige Planungsperspektive und für konkrete Ziele in den einzelnen Konsumfeldern. Sie kann ferner dabei helfen, Instrumente und Methoden zur Erreichung dieser Ziele so zu gestalten, dass unnötige Widerstände und unerwünschte negative Folgen vermieden werden. Eine etablierte wissenschaftliche Beratung findet zum Beispiel statt durch wissenschaftliche Beiräte wie den Sachverständigenrat für Umweltfragen (SRU) oder den Wissenschaftlichen Beirat Globale Umweltveränderungen (WBGU). Politikerinnen und Politiker, die eine Lanze brechen möchten für nachhaltigen Konsum, sind gut beraten, wenn sie sich über solche Beiräte hinaus in der Wissenschaft nach möglichen Bündnispartnern umschauen.

Mutige Entscheidungen werden natürlich auch erleichtert, wenn es dank politischen Geschicks gelingt, eine günstige Gelegenheit zu nutzen, um Maßnahmen durchzusetzen, die einen nachhaltigen Konsum unterstützen können (zur Bedeutung solcher Gelegenheitsfenster für Interventionen siehe die Steuerungs-Botschaft). Manche Ereignisse, die in den Medien für ein paar Wochen die Schlagzeilen bestimmen, liefern solche Anlässe (ein herausragendes Beispiel dafür sind die Ereignisse und Entscheidungen rund um die Energiewende). Ist das Wissen um mögliche thematische ‚Andockstellen' und Bündnispartner in der Gesellschaft bereits vorhanden, können Politikerinnen und Politiker solche Gelegenheiten besser nutzen und in solchen Gelegenheitsfenstern gezielter agieren.

Schließlich kommt der Suche nach einem belastbaren parteiübergreifenden Konsens für eine Politik der Nachhaltigkeit eine kaum zu unterschätzende Bedeutung zu. Tiefe und weit reichende Entscheidungen mit unbequemen Auswirkungen haben eine größere Chance auf Akzeptanz und Umsetzung, wenn sie über Parteigrenzen hinweg Unterstützung finden und nicht als Waffe im parteipolitischen Streit dienen. Dies fällt leichter, wenn solche Entscheidungen gemeinsam vorbereitet werden, und zwar in einem ‚geschützten Raum', das heißt in einem Rahmen, in dem die notwendige politische Konkurrenz der Parteien in einer Demokratie befristet aufgehoben ist.

Im Rahmen ‚geschützter Orte' könnten Politikerinnen und Politiker jenseits von medialem Druck und parteipolitischem Wettbewerb über eine Politik mit längerem Zeithorizont als einem Parlamentszyklus diskutieren und eine (Vor-)Verständigung über unbequeme Rahmensetzungen vornehmen. Dies kann ungeahnte Bündniskonstellationen freilegen. Das Durchdenken möglicher Entscheidungen lässt sich durch den Einsatz spezieller Konsultations- und Moderationsverfahren zusätzlich fördern.

Eine solche Vorverständigung in einem geschützten Raum würde die formalen politischen und insbesondere parlamentarischen Entscheidungsprozesse nicht ersetzen. Das sollte sie auch nicht. Sie könnte es Politikern und Politikerinnen aber erleichtern, eine unpopuläre Entscheidung öffentlich zu verfechten, weil sie nicht zwangsläufig damit rechnen müssen, dass der politische Gegner diese offene Flanke dazu nutzt, um sie dann zu Fall zu bringen.

Empfehlung

Einen ‚geschützten Ort' für politische Austausch- und Arbeitsprozesse schaffen, an dem tief greifende Reformen diskutiert werden

Alle zwei bis vier Jahre findet auf Bundesebene eine Delphi-Befragung unter Politikerinnen und Politikern statt. Dabei wird jeweils bezogen auf ein Konsumfeld diskutiert, wo die großen Probleme im System liegen und wodurch diese verursacht werden, welche Reformen wünschenswert und welche Widerstände dabei zu erwarten wären. Ebenfalls diskutiert wird, wo für diese Reformen in der Gesellschaft thematische ‚Andockstellen' und Bündnispartner gefunden werden könnten. Diese Befragungen erlauben Meinungsäußerungen jenseits des aktuellen politischen Wettbewerbs und eine schrittweise Konsensfindung im Schutz der Anonymität.

Die Ergebnisse der Delphi-Befragung bilden die Grundlage für eine sich daran anschließende Konferenz für Politikerinnen und Politiker. In dieser Konferenz erfolgt eine Einigung auf die im thematisierten Konsumfeld prioritär anzugehende Reform. Ergebnis ist ein Communiqué, das von allen beteiligten Akteuren unterschrieben wird. Darauf können sie Bezug nehmen, wenn es darum geht, die gewünschte Reform auf den Weg der formalen politischen Entscheidungsprozesse zu bringen. Methodisch bietet sich für die Konferenz insbesondere die Methode des „European Awareness Scenario Workshop" an. Zu einer solchen Konferenz können auch Personen aus der Zivilgesellschaft eingeladen werden, die in der Delphi-Befragung als mögliche Bündnispartner benannt wurden.

Die Energiewende als eine mutige und unbequeme Entscheidung

Ein aktuelles Beispiel für eine unbequeme Entscheidung in Deutschland ist die Energiewende. An diesem Beispiel lassen sich einige Aspekte, die mit mutigen und deshalb unbequemen Entscheidungen verbunden sind, gut illustrieren.

Da ist zunächst die Gelegenheit, die sich durch das Atomunglück in Japan bot. Unter dem Eindruck der Fernsehbilder aus Fukushima und mit dem Rückenwind der überwältigenden Mehrheit der Deutschen, die den Atomstrom ablehnten, konnte Bundeskanzlerin Merkel den Ausstieg aus der Atomenergie in einer Weise beschleunigen, die unter der rot-grünen Vorgängerregierung nicht möglich gewesen wäre. Zugleich wurde der Ausstieg aus der Atomenergie mit ambitionierten Zielen beim Ausbau der erneuerbaren Energien und bei der Energieeffizienz verbunden. Das war ein gutes Beispiel für ein Gelegenheitsfenster. Aber es ist auch ein Beispiel für seine halbherzige Nutzung.

Für den Atomausstieg und die Proklamierung ambitionierter energiepolitischer Ziele hat es gereicht. Aber diese Energiewende kostet auch etwas. Obwohl man sich über die Zahl der Milliarden mit guten Argumenten streiten kann, gilt in jedem Fall: Den Konsumenten werden ebenso wie vielen Unternehmen höhere Strompreise abverlangt und vielen Unternehmen im Bereich der Energiewirtschaft ein Verzicht auf Geschäftsfelder und -modelle. Das mobilisiert Widerstand und der wird umso größer, je länger die Wende sich hinzieht. Hier zeigt sich gut, dass die Politik nicht nur ambitionierte Ziele setzen kann; sie muss diese und vor allem die dazugehörigen Maßnahmen auch gut erklären. Das heißt in diesem Fall, dass die Kosten der Energiewende nicht ‚verschämt' und mit großer Verspätung, wie geschehen, den Betroffenen angedeutet werden sollten, sondern von Anfang an deutlich benannt werden müssten. Dies gilt umso mehr, als ein Jahresbeitrag des privaten Stromverbrauchers von nicht einmal 100 Euro für ein Projekt, das wie kaum ein anderes für den Erfolg oder Misserfolg der Klimapolitik weltweit steht, einem durchschnittlichen Haushalt in einem reichen Land wie Deutschland durchaus zuzumuten ist; die finanziellen Kosten sind also zwar nicht null, aber auch nicht schwindelerregend hoch. Für einkommensschwache Haushalte wiederum ist das allerdings durchaus eine harte Bürde, die abgefedert werden muss – auch das müsste vorher durchdacht und dann offensiv kommuniziert werden.

Schließlich kann bei der geplanten Energiewende nicht jedes Geschäftsmodell Bestandsschutz beanspruchen. Eine dauerhafte Garantie für klimaschädliche Kraftwerke kann es zum Beispiel nicht geben. Aber gerade diese Unternehmen brauchen in einem solchen Fall eine Perspektive, wenn sie nicht dauerhaft in der Opposition zur Energiewende verharren sollen. Auch das hätte von Anfang an deutlicher erklärt und kommuniziert werden können und müssen.

Diese Einsichten sind im Kern nicht originell. Im Gegenteil: Bereits beim Ausstieg aus der Atomkraft war klar, dass die Energiewende oder wie auch immer man die Subventionierung der erneuerbaren Energieträger bewertet, etwas kosten wird. Die maßgebenden Politikerinnen und Politiker sind hier aber den bequemen und nicht den unbequemen Weg gegangen. Sie haben den Preis ihrer Maßnahmen nicht frühzeitig und klar kommuniziert und müssen nun damit zurechtkommen, dass die Gegner der Energiewende daraus politisches Kapital schlagen können.

Denn offensichtlich ist auch: Der Widerstand gegen den Atomausstieg war mit der Atomkatastrophe in Japan nicht einfach verschwunden. Die Gegner waren lediglich ‚abgetaucht', bis sich die mediale Aufregung über die japanische Atomkatastrophe wieder beruhigt hatte. Es wäre unrealistisch gewesen, anzunehmen, die Akteure, die sich durch die Energiewende in ihren Interessen beeinträchtigt fühlen würden, hätten sich politisch wegen eines solchen Ereignisses einfach geschlagen gegeben. Vielmehr war damit zu rechnen, dass sie auf eine günstige Gelegenheit warten würden, und diese bietet sich aktuell durch reale und durch drohende Strompreiserhöhungen; möglich ist das aber nur, weil diese von Beginn an absehbare Entwicklung vorher nicht deutlich genug angekündigt und debattiert wurde. Diese Strompreiserhöhungen drohen nun das politische Projekt „Energiewende" zu diskreditieren und beschwören die Gefahr des Scheiterns herauf. So muss es natürlich nicht kommen, aber dass die ‚ganze Wahrheit' nicht frühzeitig auf den Tisch gelegt wurde, entpuppt sich nun als schweres Handicap in der laufenden Auseinandersetzung um die Art und Weise der Fortführung der Energiewende in Deutschland.

Befähigungs-Botschaft

Bildung soll Menschen befähigen, sich an der Gestaltung nachhaltigen Konsums zu beteiligen

Mythos

„Die Schule soll es richten!" – harte wissenschaftliche Fakten sagen uns, was nachhaltiger Konsum ist. Entscheidend ist nun, dass die nachwachsende Generation lernt, als Konsumenten und Konsumentinnen im Sinne der Nachhaltigkeit das Richtige zu tun. Der geeignete Ort, um dies zu lernen, ist die Schule, die alle Kinder und Jugendlichen durchlaufen. Ihr kommt die Aufgabe zu, den von ihr betreuten Kindern und Jugendlichen zu vermitteln, wie sie nachhaltig konsumieren sollten. Dazu müssen in der Schule gezielt nicht-nachhaltige Verhaltensweisen verändert und nachhaltige Verhaltensweisen eingeübt werden.

Gegenentwurf

Es gibt keine rein ‚objektiven' Maßstäbe, die uns sagen, was nachhaltiger Konsum ist. Was wir als nachhaltigen Konsum bewerten, ist immer auch ein Ergebnis von Abwägungen und Aushandlungen, an denen Menschen jeden Alters beteiligt sind. Zudem verändert er sich im Zuge neuer Einsichten und neuer Konsummöglichkeiten. Nachhaltigkeit im Konsum ist deshalb nicht erreichbar, indem Kinder und Jugendliche einfach lernen, was sie tun und nicht tun dürfen. Der Beitrag der Bildung besteht darin, Menschen jeden Alters zu befähigen, selbst mitzudenken und Handlungsweisen zu entwickeln, die im Sinne der Nachhaltigkeit sind, und sich kompetent an gesellschaftlichen Aushandlungsprozessen rund um nachhaltigen Konsum zu beteiligen. Dazu sind Bildungsangebote vieler Akteure an vielen Orten nötig.

Bildung ist ein lebenslanger Prozess, der allerdings nicht automatisch und auch nicht kurzfristig zu nachhaltigem Konsum führt

Die Wirksamkeit gegenwärtiger Anstrengungen in Richtung Nachhaltigkeit wird von vielen Menschen als unzureichend empfunden. Viele erachten die Fortschritte in Richtung Nachhaltigkeit als zu bescheiden, zu langsam und zu weit entfernt von einer umfassenden, das heißt tiefgreifenden und breitenwirksamen Veränderung der Gesellschaft. Deshalb fordern sie vielfach, sich im Bemühen um eine nachhaltigere Gestaltung des Konsums mit Bildungsangeboten direkt an die Konsumentinnen und Konsumenten zu richten. Nachhaltiger Konsum soll ‚in die Köpfe' der Menschen kommen, indem er gelehrt und gelernt wird. Die hierin anklingende Annahme, wonach Bildungsprogramme nahezu automatisch eine kritische Masse nachhaltig Konsumierender hervorzubringen vermögen, beruht auf einem mehrfachen Trugschluss:

- Sie unterschätzt, wie schwer es ist, einmal erworbene Konsummuster zu verändern.
- Sie überschätzt die Wirkung, die Bildungsverantwortliche auf die Entwicklung von Menschen haben; sie unterschätzt demgegenüber, wie sehr sich Akteure, die von den vorherrschenden Konsummustern profitieren, gegen Veränderung wehren und blendet so aus, wie umfassend und wirksam unser Konsumalltag beeinflusst ist von Marketinganstrengungen und von Leitbildern, die uns die Medien vermitteln.
- Sie reduziert nachhaltigen Konsum auf eine Liste eindeutiger und abschließend definierbarer Verhaltensregeln.
- Sie läuft Gefahr, Verantwortung in doppelter Weise unfair zu verschieben: zum einen, indem verhindert wird, dass Lernende Verantwortung dafür übernehmen, selbst mitzubestimmen, was unter nachhaltigem Konsum zu verstehen und wie er zu gestalten ist; zum anderen, indem Lernenden als Konsumentinnen und Konsumenten die Hauptverantwortung dafür übertragen wird, dass umfassende

Veränderungen in Richtung einer nachhaltigen Entwicklung umgesetzt werden.

Die Erwartungen an das, was Bildungsprozesse bewirken können, sollten also zum einen realistisch sein, und sie sollten zum anderen der Komplexität der Herausforderung nachhaltigen Konsums Rechnung tragen.

Welche Ziele kann und sollte Bildung verfolgen? Bildung kann Menschen verändern in Bezug auf ihr Wissen, Empfinden und Tun, in Bezug auf ihr Wertesystem und ihr Urteilen. Die Wirkung von Bildungsanstrengungen ist aber nicht direkt steuerbar – was ein Mensch aus dem macht, was ihm im Rahmen eines Bildungsprogramms angeboten wird, lässt sich nicht vorhersagen. Die Aufgabe von Bildung ist es nicht, die Unterlassungen, Probleme und Fehlentwicklungen unserer Gesellschaft zu korrigieren – auch nicht im Bereich des Konsums. Sie ist kein Transferprogramm und keine Umsetzungstechnologie, die wissenschaftlich und/oder politisch wünschenswerte Konsumvorstellungen an den Mann oder die Frau bringt. Ein derartiges Verständnis von Bildung gehört in der komplexen Welt des 21. Jahrhunderts dringend auf den Prüfstand. Bedeutend ist hier auch die Einsicht, dass Menschen lebenslang Neues dazu lernen, dass sie sich lebenslang an veränderte Rahmenbedingungen anpassen, indem sie neue Handlungsmuster entwickeln, und dass sie ihr Wertesystem ein Leben lang verändern. Die Redensart, wonach „das, was Hänschen nicht lernt, Hans nimmermehr lernt", gehört vor diesem Hintergrund ebenfalls ‚entsorgt'.

Für nachhaltigen Konsum bilden, nicht nachhaltiges Konsumieren antrainieren sollte das Ziel von Bildung sein

Auf nachhaltigen Konsum übertragen, spricht ein zeitgemäßes Verständnis von Bildung Menschen nicht als Konsumentinnen und Konsumenten an, sondern als Konsumbürgerinnen und Konsumbürger (englisch: Consumer Citizens). Die Aufgabe einer so verstandenen Bildung ist auf den Menschen in seiner Rolle in der Gesellschaft gerichtet: Sie besteht darin, Menschen dazu zu befähigen, ein selbstbestimmtes Leben zu führen, sich kompetent in Gemeinschaft und demokratische Prozesse einzubringen, Solidarität mit anderen zu empfinden und Verantwortung zu übernehmen.

Bildung rund um nachhaltigen Konsum ist Teil einer übergreifenden „Bildung für nachhaltige Entwicklung" (BNE) und den entsprechenden Zielen verpflichtet. Als Teil von BNE führt Bildung zu nachhaltigem Konsum Menschen konsequent aus der reinen Verbraucherrolle heraus. Menschen sollen die Fähigkeit erlangen, sich als Mit-Entscheidende und Mit-Gestaltende in die Diskussion einzubringen, zu welcher Nachhaltigkeit und zu welcher Gesellschaft wir mit unserem Konsum beitragen sollten und wollen (zur Bedeutung dieser Fähigkeiten siehe Aushandlungs-Botschaft und Korridor-Botschaft). Dies ist sehr anspruchsvoll: Es schließt ein, dass Lernende aller Altersgruppen sich mit der Vielschichtigkeit des Konsumhandelns, mit dessen Mechanismen, Treibern und Wirkungen auseinandersetzen. Es beinhaltet, dass sie Informationen und Wissen aus verschiedenen Quellen kritisch hinterfragen (Wer stellt weshalb welche Informationen zur Verfügung? Welche Erklärungsangebote hält die Wissenschaft bereit? Was sagt unsere Erfahrung?), aufeinander beziehen und abwägen. Sie sollen darin bestärkt werden, sich auch mit Zielkonflikten, Unsicherheiten und offenen Fragen rund um nachhaltigen Konsum zu befassen, diese auszuhalten und einen reflektierten Umgang damit zu entwickeln, anstatt vorschnell zu vermeintlich eindeutigen Handlungsempfehlungen zu gelangen. Eine so verstandene Bildung zu nachhaltigem Konsum hinterfragt geltende Werte kritisch, ist aber auch nicht wertneutral. Sie will erreichen, dass Menschen über ihre Werthaltungen und Einstellungen nachdenken und diese zu den Werten in Beziehung setzen, die der Idee der Nachhaltigkeit innewohnen. Zu kompetentem Konsumieren im Sinne der Nachhaltigkeit gehört schließlich, dass gut gemeinte Konsumabsichten die erhofften Wirkungen zeitigen. Daher ist es nicht zuletzt von Bedeutung, die Frage der Wirksamkeit einzelner Konsumhandlungen zu thematisieren.

Menschen sollten Kriterien und Wissen rund um nachhaltigen Konsum nicht nur kennen. Bedeutsam ist auch, dass sie in die Lage versetzt werden, diese auf wechselnde Konsumsituationen anzuwenden. Dies zum einen, um das eigene Konsumhandeln zu überdenken. So lässt sich das Risiko verringern, dass der Nutzen des an einer Stelle verbesserten Konsumverhaltens an anderer Stelle zum Beispiel durch Mehrverbräuche zunichtegemacht wird (dieses Phänomen wird in der Literatur „Rebound-Effekt" genannt). Dies zum anderen, um sich auf dieser Grundlage bürgerschaftlich oder politisch an Diskussionen zu nachhaltigem Konsum in verschiedenen Anwendungsfeldern beteiligen und engagieren zu können.

Nachhaltiger Konsum als Thema von Bildungsprozessen ist anschlussfähig an sehr viele mögliche Inhalte in verschiedenen Kontexten

Was sollte Gegenstand von Bildungsprozessen im Zusammenhang mit nachhaltigem Konsum sein, wenn es nicht konkrete Handlungsanweisungen sein sollen? Nachhaltiger Konsum lässt sich im Bildungskontext nicht auf die Weitergabe von Konsumtipps an Verbraucherinnen und Verbraucher reduzieren. Bildungsangebote sollten Lernende vielmehr in eine Auseinandersetzung mit den übergreifenden Zusammenhängen bringen, indem sie etwa die Entstehung der öffentlichen und politischen Debatte um nicht-nachhaltige Folgen unserer Konsum- und Produktionsweisen nachvollziehen oder verschiedene Verständnisse des Begriffs beleuchten.

Um solche Fragen aufzuwerfen und ihnen nachzugehen, sind nicht unbedingt aufwändige neue Bildungsprogramme erforderlich. Auch innerhalb bestehender Bildungsangebote lassen sich Bezüge zu nachhaltigem Konsum herstellen und entsprechende Bildungsprozesse anregen. Wenn nachhaltiger Konsum als ‚Brille' verstanden wird, mit der sich verschiedene Inhalte von Bildungsprozessen neu betrachten, bearbeiten und verknüpfen lassen, muss es darum gehen, solche Bezugsmöglichkeiten zu erkennen und zu nutzen: Wo werden in Bildungsangeboten einzelne Konsumfelder wie Ernährung oder Mobilität thematisiert? Wo geht es um konkrete einzelne Konsumhandlungen wie die Zubereitung einer Mahlzeit oder die Planung einer Urlaubsreise? Auf welche Konsumgüter gehen Bildungsangebote ein? Anhand solcher Bezüge zu einzelnen Konsumfeldern, Konsumhandlungen oder Konsumgütern lassen sich Fragen der Nachhaltigkeit dann ganz konkret thematisieren. So lässt sich am Beispiel des Konsumgutes Smartphone nicht nur etwas über Mobilfunktechnologie lernen, sondern auch im Sinne der Nachhaltigkeit viel mehr aufzeigen und Neues lernen: Welche Rohstoffe enthält ein Handy? Mit welchen Folgen für die Umwelt und die Lebensbedingungen vor Ort werden diese abgebaut? Wie entsteht ein Smartphone, das heißt, welche Akteure sind an Produktion, Vertrieb und Entsorgung beteiligt, wie wirken sie zusammen und welche Interessen verfolgen sie? Welchen Einfluss auf das Konsumhandeln nehmen die verschiedenen Akteure? Wie hat das Mobiltelefon unseren Alltag verändert – zum Guten und zum Schlechten? Welche Bedürfnisse und Wünsche werden durch ein Smartphone befriedigt oder auch neu geweckt, welchen Stellenwert für ein erfülltes Leben hat es?

Damit aber kann mit nachhaltigem Konsum an sehr viele Inhalte angeknüpft werden, die im Rahmen von Bildungsprozessen aufgegriffen werden (können). Dies wiederum hat zur Folge, dass sich nachhaltiger Konsum sehr gut dazu eignet, nicht nur in Schule und Hochschule, sondern auch in Bildungsangeboten aller anderen Akteure in der formalen Bildung (zum Beispiel Kindergärten, Berufsschulen) und in der nicht-formalen Bildung (zum Beispiel Volkshochschulen, Kirchen, Gewerkschaften, Umweltverbände, Verbraucherinitiativen) integriert zu werden. Oft werden Inhalte, die (zum Beispiel in der Schule) sowieso vorgesehen waren, ‚reicher', wenn man sie aus der Perspektive nachhaltigen Konsums behandelt. Lehrende aller Stufen und Bildungsbereiche können inzwischen auf eine Vielzahl von guten Materialien und Praxisbeispielen zurückgreifen, um Inhalte, die sie behandeln wollen, mit dem Thema nachhaltiger Konsum zu verbinden.

> **Lehr- und Lernmaterialien für Bildung für nachhaltigen Konsum**
>
> *Fragen der Nachhaltigkeit im Konsum aufzugreifen, erfordert ein breites Wissen, über das Lehrende gar nicht vollständig verfügen können. Inzwischen gibt es eine Reihe qualitativ hochwertiger Angebote für alle, die nachhaltigen Konsum behandeln möchten. Ein gutes Beispiel ist das BNE-Portal der Deutschen UNESCO-Kommission.*
>
> „Bildung für nachhaltige Entwicklung" (BNE) ist der Gegenstand einer Weltdekade, die die Vereinten Nationen für die Jahre 2005 bis 2014 ausgerufen haben. Ziel der Dekade ist es, BNE in verschiedenen Bildungsbereichen vom Kindergarten bis in die Erwachsenenbildung zu stärken.
>
> Die Deutsche UNESCO-Kommission, die die Umsetzung der UN-Dekade in Deutschland koordiniert, hat im Internet ein BNE-Portal aufgebaut, das eine umfassende Sammlung von Lehr- und Lernmaterialien zu verschiedenen Konsumfeldern wie Ernährung, Mobilität oder Energie enthält und Akteure mit über 1600 registrierten Projekten und Initiativen aufführt. Die bisher gesammelten und zur Verfügung gestellten Materialien illustrieren das Spektrum von Ansätzen, wie sich konkrete Konsumgüter und Konsumfelder im Sinne nachhaltigen Konsums thematisieren und in Bildungsprozessen bearbeiten lassen.

Es gibt also vielfältige Möglichkeiten, Inhalte unter der Perspektive nachhaltigen Konsums zu thematisieren. Je nach Kontext, in dem das Bildungsangebot realisiert wird und je nach Adressatengruppe werden dabei andere Themen und Fragen im Vordergrund stehen. Welchen Zugang Bildungsangebote aber auch wählen, sie sind stets herausgefordert, sich mit Kernfragen nachhaltigen Konsums auseinanderzusetzen: Was sind legitime Bedürfnisse, was subjektive Wünsche? Was ist ein gutes Leben und wie hängt es mit Konsum zusammen? Wie befriedigen wir unsere Bedürfnisse so, dass wir anderen Menschen nicht die Möglichkeiten nehmen, ein gutes Leben zu führen, das heißt, welche Konsumhandlungen sind unproblematisch, welche sind zu verändern, und wo sind Konsumgüter nicht der einzige und vielleicht nicht einmal der beste Weg, um Bedürfnisse und Wünsche zu befriedigen? Solche Kernfragen sind nicht nur auf individueller Ebene, sondern auch auf gesellschaftlicher Ebene von Bedeutung (zu dieser Bedeutung siehe Aushandlungs-Botschaft und Korridor-Botschaft).

In formalisierten Bildungsangeboten, in denen Inhalte in Form von Lehrplänen oder Ähnlichem vorgegeben werden, lässt sich steuern, dass nachhaltiger Konsum als Gegenstand aufgegriffen wird. Für andere Bildungsangebote müssen Dienstleistungen angeboten werden, die es Lehrenden erleichtern, nachhaltigen Konsum im dargelegten Sinn zum Thema zu machen.

Bildung für nachhaltigen Konsum findet an vielen verschiedenen Orten statt und wird von unterschiedlichen Akteuren durchgeführt

Wo können Bildungsprozesse zum nachhaltigen Konsum angestoßen werden? Lernen findet nicht nur in Bildungseinrichtungen wie Schulen oder Universitäten statt und wird nicht allein von Lehrern und Hochschullehrerinnen organisiert. Eine Vielzahl von Akteuren gestaltet an verschiedenen Orten wie Freizeittreffs, Vereinen oder dem Arbeitsplatz bzw. virtuellen Umwelten Bildungsprozesse. Um nachhaltigen Konsum durch Bildung zu fördern, ist daher ein weitsichtiger Blick auf Bildungsprozesse erforderlich, der sich nicht allein auf einen Bereich wie die Schule begrenzt. Nachhaltiger Konsum wird vielmehr als ein Gesamtanliegen verstanden, das sich durch alle Bereiche einer Bildungslandschaft zieht: von den Rahmenbedingungen des Bildungssystems bis zu einzelnen Bildungseinrichtungen und Bildungsanbietern. Veränderungen braucht es auf allen diesen Ebenen, um Menschen in verschiedenen Lebensphasen an verschiedenen Bildungsorten zu nachhaltigem Konsumhandeln zu befähigen.

Die Qualität von Bildungsangeboten zu nachhaltigem Konsum hängt maßgeblich von den Kompetenzen der Lehrenden ab. Eine wichtige Voraussetzung für eine zeitgemäße Bildung zu nachhaltigem Konsum besteht deshalb darin, die Lehrenden aller Angebote entsprechend auszubilden bzw. ihnen eine entsprechende Weiterbildung zu ermöglichen.

Wissen allein reicht nicht, um zu bilden, auch Möglichkeiten zum Ausprobieren sind dazu notwendig

Wie sollten Bildungsprozesse gestaltet sein? Die Darbietung von Wissen und Informationen ist nur ein Element, das Lernprozesse von Menschen fördert. Das gilt auch für Bildungsprozesse zu nachhaltigem Konsum (zur begrenzten Wirkung von Informationen auf das Handeln von Menschen siehe Steuerungs-Botschaft). Menschen lernen unterschiedlich, und Bildung sollte Lernenden vielfältige Gelegenheiten bieten, sich mit nachhaltigem Konsum auseinanderzusetzen: handelnd, experimen-

---

Schulverpflegung nachhaltig gestaltet: die Schülerfirma „BioLounge"

Das folgende Beispiel verdeutlicht, wie Bildungseinrichtungen praktische Erfahrungsmöglichkeiten schaffen können, in denen Lernende neue Wege zu nachhaltigerem Konsum erkunden.

An der Ida-Ehre-Schule in Bad Oldesloe entwickelten Schülerinnen und Schüler als Reaktion auf die als unbefriedigend empfundene Verpflegungssituation die Idee, ein eigenes nachhaltig orientiertes Ernährungsangebot im Mittags- und Nachmittagsbereich ihrer Schule aufzubauen: Seit 2009 kommt die „BioLounge" diesem Auftrag nach. Sie wird von Schülerinnen und Schülern des 11. Jahrgangs betrieben. Der ‚Ernstfall' der Schüler-Firma stellte die Lernenden vor zahlreiche Herausforderungen, die typisch sind für Verständigungsprozesse über nachhaltigen Konsum. Wie können wir Entscheidungsträger von der Idee eines nachhaltigen Verpflegungsangebots überzeugen? Wie lassen sich Wirtschaftlichkeit, eine sozialverträgliche Preisgestaltung und hohe Qualitätsansprüche bei den verwendeten Lebensmitteln und in den Produktionsschritten ausbalancieren? Welche Bedürfnisse der Kundschaft wollen bzw. müssen wir befriedigen, welche Wünsche nicht? Die An- und Rückbindung der Schüler-Firma an den vertiefenden Unterricht der Oberstufe ermöglichte es, diese Fragen als Startpunkt für Bildungsprozesse zu nutzen. Aber auch die „BioLounge" selbst stiftet Bildungsprozesse an: In den unterschiedlichen Einsatzbereichen sind Jugendliche verschiedener Altersgruppen tätig, sodass das Wissen zwischen den Generationen von Schülerinnen und Schülern weitergetragen und das experimentelle Lernen über die konkrete Umsetzung nachhaltigen Konsums fest institutionalisiert wird.

tierend, fragend, nachvollziehend, theoretisch, praktisch, mit den Sinnen und mit dem Geist. Bildung zu nachhaltigem Konsum sollte also weder eine reine Informationsvermittlung noch allein ein kritisches Nachdenken über die Gegebenheiten und Mechanismen im Konsum sein. Sie sollte Menschen vielmehr ermöglichen, praktische Erfahrungen zu machen, Alternativen zu erkunden und Neues auszuprobieren.

Einzelne Orte wie Bildungseinrichtungen bieten vielfältige Chancen für solche Lernprozesse. In Bildungseinrichtungen lassen sich im Kleinen große Fragen erörtern, Alternativen suchen und Veränderungen ausprobieren. Sie sind also nicht allein ein Ort des Unterrichtens, sondern auch Such- und Experimentierraum, der zum Ausprobieren ein-

---

Ansatz und Strategie des Wandels zu einer nachhaltigen Bildungseinrichtung

Die Erfahrungen im Verbund „BINK" zeigen, dass an Bildungseinrichtungen Veränderung hin zu nachhaltigem Konsum möglich ist. Im Projekt wurde ein wirksamer Ansatz erarbeitet, wie Bildungseinrichtungen eine Kultur nachhaltigen Konsums entwickeln und leben können.

Lernen über Konsum findet an Bildungseinrichtungen nicht nur in organisierten Lernangeboten statt, sondern auch außerhalb und ‚zwischendurch': in der Cafeteria, in Pausenräumen oder mit Kommunikationsmedien wie Aushängen oder Anzeigetafeln. All dies prägt die Konsumkultur einer Einrichtung. In ihr kommt zum Ausdruck, welche Bedeutung nachhaltigem Konsum vor Ort von den Mitgliedern beigemessen wird.

Wie können Bildungseinrichtungen ihre Kultur so weiterentwickeln, dass nachhaltiger Konsum gelernt und gelebt wird? Im Rahmen des Verbunds „BINK" wurde hierzu eine Strategie entwickelt, erprobt und evaluiert. Diese Strategie unterstützt Akteure in Bildungseinrichtungen (Fokus Schulen und Hochschulen) dabei, Veränderungen in der Konsumkultur ihrer Einrichtung selbstorganisiert zu planen, durchzuführen und zu stabilisieren. Grundsätze dabei sind etwa, das Lernen im Unterricht und außerhalb gleichermaßen zu berücksichtigen, Kooperation und Kommunikation innerhalb der Bildungseinrichtung und nach außen aufzubauen und den partizipativ entwickelten Veränderungsprozess gut zu dokumentieren, um ‚Neuen' den Einstieg zu erleichtern.

lädt. Dies schließt die Bildungseinrichtung selbst ausdrücklich mit ein. Öffentliche Bildungseinrichtungen etwa sind nicht nur legitimiert, sondern sogar ausdrücklich aufgefordert, ihre Organisationsabläufe am Ziel einer Nachhaltigen Entwicklung neu auszurichten.

Damit sich Bildungsorte zu echten Experimentierräumen entwickeln können, müssen sich nicht nur ihre Bildungsangebote verändern, sondern auch die Einrichtung selbst zum Lernort werden. Modellvorhaben zeigen, dass dies möglich ist. Bildungseinrichtungen können sich verändern und einen Beitrag zu nachhaltigem Konsum leisten. Ein Ansatzpunkt dafür ist es, die Konsumkultur an der eigenen Einrichtung in den Blick zu nehmen.

Bildung für nachhaltigen Konsum braucht die Vernetzung von Akteuren und Angeboten

Damit Bildungsangebote sowohl den Anforderungen einer zeitgemäßen Bildung entsprechen als auch der Komplexität des Gegenstands Nachhaltigkeit im Konsum, sind besondere Anstrengungen erforderlich. Es darf nicht einfach vorausgesetzt werden, dass Lehrende in allen formalen und nicht-formalen Bildungsangeboten sowohl über einen soliden Hintergrund in Bildungsfragen als auch in Fragen der Bildung für eine Nachhaltige Entwicklung wie auch in Fragen eines nachhaltigen Konsums verfügen. Daher ist es sehr wichtig, dass sich Akteure im Bereich Bildung für nachhaltigen Konsum bedarfsgerecht weiterbilden und dass entsprechende Angebote systematisch verfügbar, zugänglich und bekannt gemacht werden. Zugleich ist es sinnvoll, nicht alle für alles gleichermaßen qualifizieren zu wollen. Akteure im Bereich Bildung für nachhaltigen Konsum haben unterschiedliche Stärken und Qualifikationen, der Förster aus dem Umweltbildungszentrum andere als die Trainerin aus der Eine-Welt-NGO, die Professorin für Nachhaltigkeitswissenschaft andere als der BNE-Lehrer der Gesamtschule. Bildungsangebote können in hohem Maße davon profitieren, wenn es gelingt, dass verschiedene Akteure ihre jeweiligen Kompetenzen zielgerichtet einbringen.

Die Umsetzung von Bildung für nachhaltigen Konsum wird vor diesem Hintergrund dann erleichtert, wenn es gelingt, Akteure untereinander zu vernetzen, ihnen dabei einen Austausch und gegenseitiges Lernen zu ermöglichen und ihnen gezielte Dienstleistungen für die Umsetzung ihrer Bildungsangebote anzubieten. Um Akteure wie die Hochschuldozentin, die Kindergartenlehrkraft und den Erwachsenenbildner mit Akteuren aus Kirchen, Gewerkschaften und Schulen ins persönliche Gespräch zu bringen, einen niederschwelligen Austausch zwischen ihnen zu ermöglichen und sogar gemeinsame Aktivitäten zu fördern (zum Beispiel Konzeption gemeinsamer Bildungsangebote, Personalaustausch von Lehrenden verschiedener Einrichtungen) bietet es sich an, eine solche Vernetzung jeweils auf einen sinnvoll eingegrenzten Raum (eine Großstadt, eine Region mit mehreren Gemeinden, ein Bundesland) zu beschränken.

Eine solche Vernetzung hat den positiven Nebeneffekt, dass die Bildungsangebote zu nachhaltigem Konsum nach außen umfassend und abgestimmt ausgewiesen und so auch den Lernenden besser zugänglich gemacht werden können.

Empfehlung

Regionale Bildungslandschaften für nachhaltigen Konsum aufbauen

Auf kommunaler Ebene stoßen die Gemeinden einen Prozess an, der den Aufbau und die Weiterentwicklung einer regionalen Bildungslandschaft für nachhaltigen Konsum zum Ziel hat. Zweck einer solchen regionalen Bildungslandschaft ist es, das Bildungsangebot und die Bildungsexpertise zu nachhaltigem Konsum in einer Region sektorenübergreifend auszuweisen, zu vernetzen und für Lernende über ihre gesamte Lebensspanne hinweg leicht zugänglich zu machen. Die geografische Reichweite der Bildungslandschaft sollte, abhängig von regionalen Erfordernissen, variabel sein. Gleichwohl sollten Bildungslandschaften nicht überlappen und Akteure in einer einzigen Bildungslandschaft verortet werden. Auf kommunaler Ebene wird eine Koordinationsstelle eingerichtet, die den Prozess des Aufbaus und der Weiterentwicklung professionell organisiert. Zur übergreifenden Koordination aller Bildungslandschaften eines Landes (sofern es dort mehr als eine Bildungslandschaft gibt) wird auf Landesebene eine Landeskoordinationsstelle im Kultusministerium geschaffen. Auf Bundesebene wird ein Austausch der Landeskoordinationsstellen fest institutionalisiert, zum Beispiel im Rahmen der Kultusministerkonferenz.

Die kommunale Koordinationsstelle einer regionalen Bildungslandschaft dient als Anlaufstelle für alle, die Bedarf an Bildungsangeboten zu nachhaltigem Konsum haben oder selbst entsprechende Angebote machen. Sie ist daher an einem gut erreichbaren Ort angesiedelt (beispielsweise ein Bürgerbüro in zentraler Lage). Um das Bildungsangebot und die Bildungsexpertise auszuweisen, klärt die Koordinationsstelle, welche Fragen nachhaltigen Konsums wie intensiv und mit welcher Qualität und Expertise von welchen Akteuren in der Region in Bildungsangeboten bearbeitet werden. Dazu werden alle einschlägigen Akteure eingeladen, das heißt neben den Akteuren der formalen Bildung (wie Kindergärten, Schulen, Universitäten, Berufsschulen) sowie Einrichtungen der Jugendhilfe und sozialen Dienste auch weitere Akteure mit Bildungsangeboten (zum Beispiel Volkshochschulen, Kirchen, Gewerkschaften, Umweltverbände, Verbraucherinitiativen). Um die Vernetzung zu fördern, leitet die Koordinationsstelle Maßnahmen ein, die dazu dienen, dass sich die Akteure mit ihren jeweiligen Kompetenzen und Stärken kennenlernen und ihre Expertise gegenseitig nutzen können (etwa Einrichtung einer regionalen Wissenstauschbörse, über die Lehrende zwischen Anbietern vermittelt und ‚ausgeliehen' werden können). Die Koordinationsstelle organisiert zudem Weiterbildungsaktivitäten für die Akteure (insbesondere auch zu Themen, die in der Bildungslandschaft bislang eher vernachlässigt wurden). Schließlich informiert sie über die in der regionalen Bildungslandschaft für nachhaltigen Konsum verfügbaren Angebote, um diese Interessierten leicht zugänglich zu machen.

Steuerungs-Botschaft

Die Steuerung nachhaltigen Konsums muss intelligent sein

Mythos

Nachhaltiges Konsumhandeln lässt sich durch das Bewegen der richtigen Hebel erreichen, und diese Hebel sind bekannt. Für die Steuerung hin zu nachhaltigem Konsum durch die Politik gilt die Formel: Mehr Geld für nachhaltigen Konsum, mehr Information über nachhaltigen Konsum und mehr Verbote nicht-nachhaltigen Konsums führen zu mehr nachhaltigem Konsum. Ein Mehr an Einsatz von Geld, Information und Verboten schafft also automatisch ein Mehr an Nachhaltigkeit im Konsum.

Gegenentwurf

Menschen sind keine Automaten, deren Verhalten sich durch die Politik per Knopfdruck steuern lässt. Sie haben Freiheitsspielräume und nutzen diese. Sie sind aber auch nicht völlig frei in ihren Entscheidungen, sondern von einer Vielzahl von Faktoren beeinflusst. Beides gilt in besonderem Maße auf dem Gebiet des Konsums. Steuerung in diesem Bereich muss also intelligent sein. Eine Steuerung des Konsumhandelns, die sich auf zu einfache Rezepte stützt, bewegt weniger, als sie könnte, und ist kostspieliger, als sie sein müsste.

Intelligente Steuerung ist notwendig, weil nachhaltiger Konsum ein höchst anspruchsvolles Ziel ist und mit extremer Komplexität umgegangen werden muss

Nachhaltiger Konsum ist ein anspruchsvolles Politikziel mit einem langen Planungshorizont und einem radikalen Veränderungsanspruch. Es geht um nicht weniger als das Umsteuern einer Leitkultur, die auf die Weiterung des materiellen Wohlstands einer wohlhabenden Industriegesellschaft abzielt. Die Selbststeuerungs- und Selbstveränderungsfähigkeit einer ganzen Gesellschaft ist gefragt, und zwar für viele Jahre. Die Kunst der politischen Steuerung besteht hier darin, ein großes und langfristiges Ziel zu verfolgen und zugleich die zu diesem Ziel führenden Maßnahmen in der kleinen Münze politisch machbarer Schritte zu bezahlen (die Mut-Botschaft geht speziell auf jene politischen Entscheidungen ein, die für grundlegende Veränderungen im Konsumsystem nötig sind).

Intelligente Steuerung verabschiedet sich zu allererst von der Vorstellung, die klugen Politikerinnen und Politiker seien die Subjekte der Steuerung und deren Objekte seien die Bürgerinnen und Bürger, die zu ihrem Glück gezwungen werden müssen. Dieses Bild ist aus mehreren Gründen falsch und würde einer intelligenten Steuerung im Wege stehen. Erstens sind die Ziele eines nachhaltigen Konsums das Ergebnis gesellschaftlicher Aushandlungsprozesse über das gute Leben und über einen ‚Korridor' dessen, was allen Menschen an Konsummöglichkeiten minimal zustehen soll und was sie maximal beanspruchen dürfen (siehe hierzu die Aushandlungs-Botschaft und die Korridor-Botschaft). Zweitens können die betroffenen Bürgerinnen und Bürger bis zu einem gewissen Grad selbst Strukturen bilden, mit denen sie sich und andere binden (siehe hierzu die Struktur-Botschaft). Drittens ist jede starke Beeinflussung des Konsumhandelns – sei es über monetäre Anreize oder Gebote und Verbote – nur dann akzeptabel, wenn sie mit guten Argumenten demokratisch legitimiert ist, und sie funktioniert nur dann, wenn eine Mehrheit der Betroffenen auch von der Notwendigkeit solcher Maßnahmen überzeugt ist. Die Bürgerinnen und Bürger sind also zumindest Mitgestaltende der Steuerung hin zu nachhaltigem Konsum (die Befähigungs-Botschaft geht näher darauf ein, welches hier die Aufgabe der Bildung ist).

Eine intelligente Steuerung des nachhaltigen Konsums muss also zum einen die Betroffenen überzeugen und in die Umsetzung einbeziehen, und sie muss zum anderen der Vielfältigkeit der Faktoren, die das Konsumhandeln beeinflussen, Rechnung tragen, indem sie die Wahl der Instrumente, den Instrumentenmix und das Timing darauf abstimmt, um die gewünschte Wirkung zu erzielen.

Eine intelligente Steuerung braucht sowohl eine Vision als auch konkrete Ziele

Wer steuert, braucht eine gesellschaftlich getragene Vision, ein positives Bild einer wünschbaren Zukunft. Die Vision nachhaltigen Konsums kann deshalb nicht bloß eine Verzichtserklärung auf ein Mehr an materiellem Wohlstand aus Einsicht in ökologische oder soziale Notwendigkeiten sein, sondern muss aus neuen kulturellen Leitideen eines guten Lebens herauswachsen. Sie muss das Bild einer erstrebenswerten Zukunft zeichnen, das Menschen tatsächlich verwirklicht sehen möchten. Die berühmte Rede „I have a dream" von Martin Luther King im Jahre 1963 ist eines der eindrücklichsten Beispiele dafür, dass Visionen eine große Schubkraft entfalten und Menschen mobilisieren können. Ein weiteres Beispiel: Die industrielle Massentierhaltung oder die Erzeugung von Nutzpflanzen in Hochleistungsmonokulturen lassen sich nur schwer vereinbaren mit den Kriterien einer Nachhaltigen Entwicklung. Aus einer solchen Kritik wird eine positive Vision, wenn sie sich mit der Slow-Food-Bewegung verbindet und dem Gedanken folgt, dass gutes und gesundes Essen besser mit einer ökologischeren Landwirtschaft vereinbar ist, als mit anderen Formen der Nahrungsmittelproduktion.

Nachhaltiger Konsum braucht aber gleichzeitig ein Mindestmaß ökologischer und sozialer Richtungssicherheit. Die Rede vom nachhaltigen Konsum sollte nicht allen Menschen ohne Unterlass ein schlechtes

Gewissen machen, weil das Ziel wie eine unerreichbare Fata Morgana immer weiter in die Ferne rückt. Nicht nur die Richtung der angestrebten Entwicklung muss klar sein, es muss auch deutlich werden, wie viel des Weges schon zurückgelegt wurde und wie viel Weg noch vor einem liegt. Bekanntermaßen beginnt jede Reise mit einem ersten Schritt, mag dieser noch so klein sein. Auch Reisende, die sich nur in kleinen Schritten vorwärts bewegen, möchten wissen, ob sie wenigstens einen Schritt vorangekommen sind und wie weit das Ziel noch entfernt ist. Wer steuert, braucht deshalb nicht nur eine Vision für die entferntere Zukunft, sondern auch konkrete Ziele für die nähere Zukunft, die die Richtung deutlich machen, in die die Reise geht, und die fassbar genug sind, um einen Maßstab für den Grad der Zielerreichung zu liefern.

Konkrete Ziele der Nachhaltigkeit im Konsum werden sinnvollerweise für einzelne Felder des Konsums – Ernährung, Kleidung, Mobilität usw. – formuliert, selbst wenn sich diese Felder streng genommen nicht klar trennen lassen und sich die Handlungen gegenseitig beeinflussen (beispielsweise beeinflusst die Wahl einer Wohnung das Mobilitätsverhalten). Es muss also für jedes Konsumfeld geklärt werden, und gegebenenfalls immer wieder neu, was nachhaltiger Konsum in Form konkreter Ziele heißt, um zu ermessen, was schon getan ist und was noch getan werden muss. Zum Beispiel ist es wichtig zu wissen, welchen energetischen Sanierungsstandards Häuser 2020 oder 2050 genügen sollten, um Geschwindigkeit und Intensität der erforderlichen energetischen Sanierung zu ermitteln. Wir sollten eine Vorstellung davon haben, ob wir mit Elektroautos den Verkehr CO_2-frei machen wollen und wie schnell das gegebenenfalls gehen soll. Wir sollten wissen, ob der Apfel, der bei uns auf den Tisch kommt, unbedenklich ist. Und wir sollten wissen, wie hoch das Grundeinkommen eines Menschen sein sollte, damit die sozialen Mindeststandards eines guten Lebens erfüllt sind. Je konkreter und fassbarer die Ziele sind, desto klarer lassen sich Erfolge und Misserfolge der politischen Steuerung feststellen. Die konkreten Ziele müssen mit der Vision übereinstimmen, das heißt, es muss klar sein, wie sich die Ziele zur Vision verhalten.

Die Herausforderung für die Steuerung besteht also darin, sowohl eine umfassende langfristige Vision als auch kurzfristigere, kleinteilige und konkrete Ziele zu formulieren und diese nachvollziehbar auf die Vision rückzubeziehen.

Eine intelligente Steuerung muss grundlegende Eigenschaften des Konsumhandelns beachten

Steuerung setzt Ziele voraus, gesteuert werden muss das Handeln von Menschen. Deshalb muss immer klar sein, welche Handlungen von welchen Akteuren für die Ziele relevant sind und in welcher Weise sie sich verändern müssen, damit man den Zielen näher kommt. Intelligente Steuerung bedarf deshalb einer Kenntnis der grundlegenden Eigenschaften des Konsumhandelns, und sie muss diese bei der Steuerung beachten.

Viele Konsumhandlungen laufen routinemäßig ab, ihre Veränderung erfordert eine bewusste Zäsur und Reflexion. Wenn Menschen ihre Verhaltensroutinen durchbrechen sollen, müssen ihnen diese mindestens für eine gewisse Zeit bewusst werden, bevor sie neue Verhaltensmuster ausbilden können. Hier sind Lernprozesse wichtig: Die Folgen einer alten Verhaltensroutine müssen bedacht werden, die Verhaltensweise muss als nicht mehr passend erkannt werden, es muss eine neue Verhaltensweise gewählt werden, und schließlich muss sich diese zu einer neuen Routine verfestigen.

Wenn sich ein eingeschliffenes Konsumverhalten ändern soll, dann bedarf es also einer Unterbrechung der Routine und einer aktiven Auseinandersetzung mit der Sinnhaftigkeit der eigenen Konsumgewohnheiten. Dafür kann eine Unterbrechung genutzt werden, die durch eine größere Veränderung der Lebensumstände zustande kommt. Das ist zum Beispiel der Fall bei einem Umzug in eine große Stadt, bei dem Mann und Frau sich die Frage stellen, wie sie zu ihrer Arbeit kommen oder zum Einkaufen. Wer beim Einwohnermeldeamt schon den Schnuppertarif des ÖPNV in die Hand gedrückt bekommt, denkt anders über die weitere Nutzung seines Autos nach als wer davon nichts weiß. Es kann aber auch eine Intervention durchgeführt werden, die ganz gezielt eine Unterbrechung der Routine bewirkt. Wer zum Beispiel genötigt wird, einen Energiepass für sein Haus zu erstellen, muss wenigstens einmal systematisch über den Energieverbrauch in den eigenen vier Wänden nachdenken.

In aller Regel sind Konsumhandlungen eingebettet in einen größeren technischen, ökonomischen und sozialen Zusammenhang, und dieser muss berücksichtigt werden, wenn die Steuerung die gewünschten

---

Wie sich Routinen aufbrechen und verändern lassen

Im Verbund „Change" wurde untersucht, wie ein verändertes Verhalten Energieeinsparungen in großen Organisationen ermöglichen kann.

Bei den ausgewählten Verhaltensweisen handelte es sich um Routinen, die für Büroarbeitsplätze wünschenswert wären: Lichtausschalten beim Verlassen des Arbeitsraumes, Abschalten des Computers und der gesamten Peripherie am Ende des Arbeitstages, Stoßlüften statt Kipplüften im Winter und das Herunterdrehen der Heizung bei mehrtägiger Abwesenheit vom Arbeitsplatz. Diesen erwünschten Verhaltensweisen stehen jedoch oft bestehende Gewohnheiten, die mit hohen Energieverbräuchen einhergehen, im Wege. Deshalb wurde ein Maßnahmenpaket entwickelt, das darauf ausgerichtet ist, solche Automatismen zu unterbrechen und neue Handlungsmuster zu unterstützen (zum Beispiel Aufkleber direkt am Fenstergriff zum Stoßlüften, Aufkleber „Drück mich zum Abschied" direkt am Computer), und das durch ganztägige Aktionen auf eine hohe Aufmerksamkeit zielt. Im Vergleich mit einem Standardvorgehen (Rundschreiben, Broschüre mit Energiespartipps) erzeugten diese Maßnahmen signifikant mehr Aufmerksamkeit (die Kampagne insgesamt und Energiespartipps wurden besser erinnert) und eine signifikante Veränderung der Gewohnheitshandlungen. Beim Stromverbrauch konnte das berechnete, allein durch Verhaltensänderung erreichbare Einsparpotenzial (das bei 18 Prozent des Gesamtverbrauchs der Liegenschaft lag) zu 45 Prozent ausgeschöpft werden, ein Effekt, der auch nach einem Jahr ohne Auffrischungskampagne stabil blieb. Das Lüftungsverhalten änderte sich nur im ersten Winter signifikant, im Jahresabstand ging es wieder auf Ausgangswerte zurück; hier könnte eine Erinnerungskampagne – immer zu Winterbeginn – vermutlich helfen, neue Routinen dauerhaft zu verankern.

Ergebnisse liefern soll. Wer diesen Kontext und die Lebensumstände, in denen sich die Adressaten seiner Maßnahmen bewegen, außer Acht lässt, darf sich nicht beklagen, wenn sie wenig bewirken. Dies zeigt sich an Beispielen wie diesen: Energetische Sanierungsmaßnahmen an Häusern mögen wirtschaftlich noch so attraktiv sein – wenn der Eigentümer mit seinem Eigenheim nur eine Nutzungsperspektive von zwei Jahren verbindet, weil ihn in einer anderen Stadt ein neues Jobangebot erwartet, wird er sie nicht realisieren. Der Austausch eines 15 Jahre alten Kühlschranks durch ein effizientes Neugerät rentiert sich schnell über die eingesparten Stromkosten. In einem einkommensschwachen Haushalt fehlt jedoch oft das nötige Geld für eine Neuanschaffung, auch wenn die Einsicht in diesen Tatbestand durchaus vorhanden ist.

Auch beim nachhaltigen Konsum gibt es Pioniere, Nachahmerinnen, Mitläufer und Nachzüglerinnen. Es gibt Menschen, die etwas ausprobieren wollen und solche, die alte Gewohnheiten pflegen. Es gibt junge und alte Konsumenten. Kurz: Die Konsumentinnen und Konsumenten sind eine in sich ausdifferenzierte Gruppe, und nicht jedes staatliche Maßnahmenpaket ist für jede Teilgruppe gleich gut geeignet. Ein Beispiel: Konsumpioniere in Sachen Nachhaltigkeit sanieren ihr Eigenheim energetisch selbst dann, wenn die ökonomischen Anreize nur schwach sind. Andere rechnen mit dem spitzen Bleistift und sanieren nur, wenn es sich wirtschaftlich lohnt. Wer Maßnahmen zur Eindämmung des Klimawandels und dem Energiesparen sehr skeptisch gegenübersteht, muss womöglich durch ordnungsrechtliche Maßnahmen zu energetischen Sanierungsmaßnahmen gezwungen werden. Solche Unterscheidungen finden sich nicht nur, wenn es um die energetische Sanierung von Eigenheimen geht. Eine Differenzierung zwischen verschiedenen Zielgruppen ist auf allen Feldern des Konsumhandelns notwendig, wenn man die richtigen Gruppen mit den richtigen Maßnahmen erreichen will.

Allerdings ist nicht immer ohne Weiteres erkennbar, welche Gruppen für eine bestimmte Intervention unterschieden und differenziert angesprochen werden müssen. Es ist deshalb wichtig, genau hinzuschauen. Zu bedenken ist außerdem, dass indirekte Maßnahmen zielführender sein können als die Direktansprache von Konsumentinnen. Multiplikatoren, die das Vertrauen der Konsumenten genießen, können oft viel wirkungsvoller eine Verhaltensänderung herbeiführen als groß angelegte Kampagnen, die sich irgendwie an alle wenden. Wer beispielsweise den Heizungstechniker, der das Vertrauen der Hauseigentümer genießt, überzeugt, dass Dämmen ein sinnvolles und erfolgreiches Geschäftsfeld ist, hat für die energetische Sanierung von Eigenheimen vermutlich mehr geleistet als wenn eine Kampagne aufgelegt wird, die sich an alle Hausbesitzenden wendet.

Ein aktives Mittun und Selbsttun der Konsumentinnen und Konsumenten ist nötig. Dies zeigt sich in besonderer Weise, wenn das volle Potenzial technischer Verbesserungen ausgeschöpft werden soll. Wer beispielsweise in ein Passivhaus zieht und seine alten Lüftungsgewohnheiten beibehält, bleibt weit unter den Einsparmöglichkeiten, die ein solches Gebäude bietet. Wer ein energieeffizientes Auto kauft, aber wegen der gesunkenen Kosten pro Kilometer längere Fahrten wieder mit dem Auto statt mit der Bahn absolviert, der erhöht den Energieverbrauch anstatt ihn zu senken. Einige dieser Effekte heißen in der Fachliteratur „Rebound-Effekte". Damit werden jene unerwünschten Folgen von effizienzsteigernden Maßnahmen bezeichnet, bei denen die Kostenersparnis zu einer Erhöhung der Nachfrage führt. Der Einsatz einer effizienteren Technologie muss deshalb oft begleitet sein von dazu passenden Nutzungsmustern, damit der technisch mögliche Effekt wirklich eintritt bzw. damit Rebound-Effekte begrenzt werden können.

Die Herausforderung für die Steuerung besteht also darin, präzise zu bestimmen, welches Handeln welcher Akteure verändert werden soll, welche Eigenschaften es aufweist, wie genau das veränderte Handeln aussehen soll, wodurch es hauptsächlich beeinflusst wird und in welcher Weise aktives Mittun erforderlich ist.

Eine intelligente Steuerung erfordert einen klugen Instrumenteneinsatz

Es gibt eine ganze Reihe von Instrumenten, um das Handeln von Menschen zu beeinflussen. Sie haben alle eine Wirkung, jedes für sich allein hat aber eine begrenzte Wirkung. Alle Instrumente haben ihre Vor- und Nachteile und sind für je unterschiedliche Steuerungsprobleme besonders gut bzw. weniger gut geeignet.

Monetäre Anreize für erwünschtes Handeln sind grundsätzlich zu begrüßen, denn sie stellen oft erst eine Waffengleichheit her zwischen Konsumalternativen mit negativen Effekten und solchen mit positiven Effekten. Natürlich kann ein Ei kostengünstiger als ein Bio-Ei hergestellt werden, wenn die Hühner zu Tausenden in winzigen Käfigen gehalten werden. Märkte des modernen Massenkonsums zeichnen sich aus Nachhaltigkeitssicht oft durch monetäre Anreize aus, die in die falsche Richtung gehen. Nachhaltiger Konsum ist dann teurer als traditionelle Konsummuster. Es liegt deshalb nahe, nachhaltigen Konsum entweder finanziell zu unterstützen oder nicht-nachhaltigen Konsum finanziell zusätzlich zu belasten.

Solche Änderungen der Preisverhältnisse führen aber nicht immer zu den gewünschten Wirkungen und können unerwünschte Nebeneffekte haben. Ein kostenloses Semesterticket für den ÖPNV nützt beispielsweise wenig, wenn die öffentlichen Verkehrsverbindungen schlecht sind. Prämienprogramme für den Austausch von Kühlgeräten führen – wenn sie nicht auf niedrige Einkommensgruppen begrenzt sind – zu unerwünschten Mitnahmeeffekten, weil reiche Personen, die solche Maßnahmen auch ohne finanziellen Beistand durchführen würden, ebenso davon profitieren wie arme, denen das aus finanziellen Gründen schwerfällt.

Bei ordnungsrechtlichen Maßnahmen muss besonders der Vollzug mitbedacht werden. Ordnungsrechtliche Maßnahmen, deren Umsetzung nicht häufig und intensiv genug kontrolliert wird, sind nur auf dem Papier gut. Das ist einer der Gründe, warum der Energieausweis für Gebäude kaum zu einer energieverbrauchsabhängigen Differenzierung von Immobilienpreisen und Mieten geführt hat. Es gilt aber auch: Verhaltensvorschriften, deren Vollzug nicht ohne massive polizeiliche Kontrolltätigkeit durchsetzbar ist, bewirken wenig, wenn sie nicht mit den herrschenden gesellschaftlichen Wertvorstellungen und sozialen Normen übereinstimmen. Beispielsweise haben sich Verbote des so genannten „Littering" (des achtlosen Wegwerfens von Müll) als weitgehend unwirksam erwiesen.

Schließlich wird nachhaltiger Konsum auch nicht angestoßen nach dem Muster des Nürnberger Trichters: Oben stopft man möglichst viel Information hinein und unten kommt dann sehr viel Aktion heraus. Informationen sind im Zeitalter des Internets ein ambivalentes Gut. Oft ist das Problem nicht so sehr, dass uns die Informationen fehlen, son-

---

Wie man Ökolabel nicht gestalten sollte ...

Mit der Einführung eines neuen Energieeffizienz-Etiketts will die EU-Kommission die europäischen Verbraucher verstärkt zum Kauf stromsparender Geräte motivieren. Dieses Vorhaben könnte allerdings sein Ziel verfehlen.

Die siebenstufige Skala, die bislang einen niedrigen Stromverbrauch durch ein grünes A und einen hohen Energiebedarf durch ein rotes G kenntlich macht, wird beim neuen Label durch die Kategorien A-20%, A-40% und A-60% erweitert. Ist ein Produkt beispielsweise mit A-60% ausgezeichnet, hat es die höchste Energieeffizienzstufe erreicht. Ein Kühlschrank etwa, der eine A-60% trägt, verbraucht 60 Prozent weniger Strom als ein mit A ausgewiesener Kühlschrank. Der Verbund „Seco@home" zeigte, dass bei Elektrogeräten mit dem neuen Etikett der sparsame Stromverbrauch als Kaufkriterium ein deutlich geringeres Gewicht für die Konsumenten hat als bei Geräten, auf denen noch das bisher verwendete Etikett klebt. Auch die Bereitschaft der Konsumentinnen, für ein Gerät, das mit Strom besonders sparsam umgeht, tiefer in die Tasche zu greifen, nimmt ab, wenn dieses mit dem neuen Etikett gekennzeichnet ist. Die sehr feinen Abstufungen des neuen Labels im A-Bereich signalisieren den Verbrauchern vermutlich eher, dass bei den A-Geräten ‚alles im grünen Bereich' ist. Damit ist das neue Label gerade nicht die Orientierungshilfe, die es nach dem Willen der EU-Kommission eigentlich sein sollte.

dern dass wir in der allgemeinen Informationsflut den Überblick verlieren. Obendrein würden wohl die meisten Menschen schnell die Lust an nachhaltigem Konsum verlieren, müssten sie sich bei jedem Gut durch einen ähnlich umfangreichen Beipackzettel hindurcharbeiten wie bei einem Medikament, bei dem genauestens die Nebenwirkungen zu beachten sind. Es kommt also darauf an, die richtigen Informationen in der richtigen Dosierung zum richtigen Zeitpunkt an die richtigen Adressaten zu bringen. So ist zum Beispiel die Vielfalt der Ökolabel im Lebensmittel- und Textilmarkt immer weniger eine Orientierungshilfe als ein Problem. Einfach, allgemein akzeptiert und im Zweifel nachvollziehbar müssen Labels sein, die Nachhaltigkeit signalisieren sollen. Nur so kann der Konsument in einem Umfeld, das sich durch Informationsüberflutung auszeichnet, noch die richtige Richtung finden.

Die Herausforderung für die Steuerung besteht also darin, den richtigen Mix aus Instrumenten zu finden, um das Konsumhandeln in die gewünschte Richtung zu verändern und dabei mögliche unerwünschte Effekte vorauszusehen und vorsorgend zu verhindern.

Eine intelligente Steuerung erfordert geschicktes Timing, die Rückmeldung des Erreichten und die Bereitschaft zur Korrektur

Intelligente Steuerung bedeutet auch, sorgfältig zu prüfen, welcher Zeitpunkt für eine Intervention geeignet ist. Interventionen zum falschen Zeitpunkt verpuffen eher, als dass sie eine Verhaltensänderung nach sich ziehen. Wer etwa sein Erspartes gerade in eine neue Heizungsanlage gesteckt hat, wird sich in den ersten Jahren danach kaum noch für eine weitere kostspielige energetische Sanierung seines Eigenheimes interessieren. Maßnahmen, die in einem solchen Fall zeitlich falsch platziert sind, laufen ins Leere. Es geht also um das Aufspüren, Herstellen und Nutzen von Gelegenheiten, in denen die Konsumenten und Konsumentinnen besonders offen für eine neue Handlungsweise sind.

In einer hochgradig arbeitsteiligen und durchtechnisierten Welt sind die Folgen des eigenen Tuns dem Verursachenden oft verborgen. Konsumenten und Konsumentinnen brauchen aber eine Rückmeldung

> **Auf das Timing kommt es an**
>
> *Heizungen, Fenster oder die Außenwand eines Hauses unterliegen einem normalen Verschleiß, aber dieser erstreckt sich über längere Zeit.*
>
> Eine Erdgasheizung arbeitet bei guter Wartung 30 Jahre. Die Fenster eines Hauses halten in der Regel mehr als 40 Jahre und der Außenputz sogar über 50 Jahre. Wer also vor Ablauf dieser Zeit saniert, verliert Geld. Gleichzeitig ist die Renovierung eines Hauses eine aufwendige und anstrengende Tätigkeit. Sie findet deshalb üblicherweise kurz nach dem Erwerb des Hauses, aber vor dem Einzug statt. Wenn auch noch die technisch notwendigen Sanierungsmaßnahmen an der Zeit sind, dann bietet sich eine besonders günstige Gelegenheit, Eigenheimbesitzende von den Vorteilen einer energetischen Sanierung zu überzeugen. Ein so genanntes „Window of Opportunity" – ein Gelegenheitsfenster – tut sich auf.
> Die Ergebnisse des Verbundes „ENEF-Haus" zeigen deutlich, dass diese Zeitfenster entscheidend sind. Wenn sie nicht für eine energetische Sanierung genutzt werden, ist es danach wesentlich schwieriger, Hauseigentümer für energetische Sanierungsmaßnahmen zu begeistern.

über Erfolg oder Misserfolg ihres Handelns. Ohne eine Rückmeldung, ob eine Verhaltensänderung tatsächlich spürbar zur Nachhaltigkeit in unserer Gesellschaft beigetragen hat, fehlt ein wichtiges Erfolgserlebnis. Solche Rückmeldungsschlaufen müssen oft eigens eingerichtet werden, damit die Adressaten einer Verhaltensänderung nachvollziehen können, ob und was ihre neuen Konsumgewohnheiten für eine nachhaltige Entwicklung wirklich gebracht haben. Das motiviert im Erfolgsfall und führt im Misserfolgsfall wenigstens zu der Frage, ob und was sich besser machen ließe.

Ein weiteres wichtiges Merkmal intelligenter Steuerung des nachhaltigen Konsums ist die Bereitschaft zur regelmäßigen Überprüfung und zur Korrektur. Denn man wird so manches Mal feststellen: Was nachhaltigen Konsum ausmacht, ist nicht in Stein gemeißelt. Ein Beispiel: Die Beimischung von Biosprit (E 10) galt für eine gewisse Zeit als ein ökologischer Fortschritt. Heute stellen wir fest, dass die negativen ökologischen Nebeneffekte dieser Maßnahme eher groß sind und das

CO_2-Minderungspotenzial eher klein ist. Eine Bereitschaft zur Selbstkorrektur ist sehr wichtig für eine Konsumpolitik der Nachhaltigkeit. Diese bedarf einer regelmäßigen Überprüfung ihrer Begründungen wie ihrer Wirkungen. Das reicht von einer vorwegnehmenden Bewertung möglicher Folgen über ein Monitoring der Maßnahmen und ihrer Wirkungen bis hin zu einer Anpassung des Vorgehens, wenn Ziele sich ändern und Maßnahmen die angestrebte Wirkung verfehlen.

Eine intelligente Steuerung braucht Unterstützung für die Gestaltung und Durchführung von Interventionen

Nachhaltige Konsumpolitik ist also eine überaus schwierige Aufgabe. Langfristigkeit, Berücksichtigung der Komplexität, geschickter Einsatz von Instrumenten, der Aufbau stabiler Bündnisse und das Nutzen günstiger Gelegenheiten lassen sich nur schwer von politischen Akteuren realisieren, für die das Thema nur eines von vielen ist, die in Vierjahreszyklen rechnen müssen, die immer unter Zeitdruck stehen und die damit rechnen müssen, dass jeder Fehler ein gefundenes Fressen für die jeweilige Opposition und die Medien ist. Hier bedarf es systematischer Unterstützung.

Damit politische und zivilgesellschaftliche Akteure von den Erkenntnissen insbesondere interdisziplinärer und transdisziplinärer Forschung zum privaten Konsumhandeln profitieren können, ist ein wissenschaftlicher Beistand notwendig, der auf Dauer eingerichtet ist. Dies hat zum einen den Vorteil, dass die Forschung ihre Empfehlungen nicht mehr nach den zufälligen Zeitrhythmen einzelner Projekte erarbeitet, sondern auf mehr Dauer und Langfristigkeit ausgerichtet wird. Zum anderen verhindert es, dass die Politik immer wieder neu anfangen muss, wenn sich zufällig eine günstige politische Konstellation einstellt, in der Maßnahmen zur Förderung nachhaltigen Konsums erfolgversprechend umgesetzt werden können.

Empfehlung

Interventionsberatungsstellen einrichten

Der Bund richtet Interventionsberatungsstellen für nachhaltigen Konsum ein, gegebenenfalls differenziert nach Konsumfeldern. Deren Dienste können von politischen wie von zivilgesellschaftlichen Akteuren, die Interventionen zur Förderung nachhaltigen Konsums planen, in Anspruch genommen werden. Die Interventionsberatungsstellen bereiten steuerungsrelevantes wissenschaftliches Wissen zu den verschiedenen Konsumfeldern kontinuierlich auf, ‚übersetzen' es für die in solchen Feldern handelnden Akteure und stellen es in geeigneter Form zur Verfügung. Sie unterstützen die Erarbeitung von Maßnahmenplänen beratend und betreiben bei Bedarf auch eine vorwegnehmende Bewertung möglicher Folgen oder ein Monitoring. Die Interventionsberatungsstellen arbeiten also wie Wissensmakler (englisch: Knowledge Broker), die den wissenschaftlichen Sachverstand, insbesondere das Interventionswissen in den einzelnen Konsumfeldern, so aufbereiten, dass er zu handlungsrelevanten Empfehlungen verdichtet werden kann.

Aneignungs-Botschaft

Es sind Voraussetzungen zu schaffen, dass Menschen nachhaltigen Konsum sinnvoll in ihren Alltag einbauen können

Mythos

Damit Konsumentinnen und Konsumenten nachhaltigen Konsum in ihrem Alltag umsetzen, sind genaue, möglichst quantitativ formulierte gesamtgesellschaftliche Ziele erforderlich – zum Beispiel, im Zeitraum 2008–2012 die Treibhausgasemissionen Deutschlands um 21 Prozent gegenüber 1990 zu reduzieren. Kommt dann noch ein passendes Set gut verständlicher und einfach befolgbarer Handlungstipps dazu, geht alles wie von selbst.

Gegenentwurf

Ziele, die für die Gesellschaft als Ganze formuliert sind, haben für das individuelle Handeln zunächst keine unmittelbare Bedeutung. Sie können erst dann handlungsleitend werden, wenn sie nicht nur verstanden und gewollt sind, sondern wenn auch ihre konkrete Bedeutung für das eigene Handeln gesehen wird und sie mit den persönlichen und in sozialen Beziehungen ausgehandelten Lebensentwürfen verknüpfbar sind. Listen von „Tipps für den Alltag" in Form einzelner Handlungen genügen dafür nicht. Nötig ist vielmehr ein ‚Bild', das es Menschen möglich macht, die Anforderungen nachhaltigen Konsumhandelns in den eigenen Alltag zu überführen und einzupassen.

Alltagsgestaltung bedeutet, aktiv mit Lebensumständen umzugehen, die sich stets verändern

Menschen gestalten ihren Alltag eigenständig und aktiv, sie geben ihm Struktur und Sinn. In ihrem täglichen Leben arbeiten sie nicht einfach notwendige Aufgaben ab, sondern sie bringen ihr Handeln in Übereinstimmung mit ihrer jeweiligen Lebensphase, ihrer sozialen Lage, mit ihren verfügbaren Ressourcen, ihrer Beziehungs- und Familienform sowie mit ihren Werten und ihrer Vorstellung von einem sinnvollen Leben. Und sie tun das mit einer gewissen Kreativität. Sie sind dabei nicht immer egoistisch, sondern durchaus in der Lage, übergeordneten gesellschaftlichen Anliegen Rechnung zu tragen, und sie handeln meist in Übereinstimmung mit Werten, die in der Gesellschaft geteilt werden. Gesellschaftliche Anliegen müssen aber plausibel, anschaulich und nachvollziehbar sein, sodass sie in unterschiedliche Formen praktischen Handelns im Alltag überführbar sind.

Die Individuen in den privaten Haushalten sind produktiv tätig. Sie stellen etwas her (zum Beispiel warme Mahlzeiten), sie kümmern sich um Sauberkeit, Wärme, Schutz und Helligkeit. Sie kommunizieren mit und ohne Technik. Sie organisieren die täglichen Abläufe mit und ohne technische Hilfsmittel, sie reparieren am Haus, in der Wohnung, am Fahrrad, am Auto. Sie erziehen ihre Kinder und pflegen Freundschaften, sie kaufen ein, sie bilden sich und gestalten aktiv oder kontemplativ ihre Freizeit, sie spielen Spiele und machen Sport. Sie bewegen sich mit und ohne Fahrzeug.

Wie der Alltag praktisch gestaltet wird, ist innerhalb der Gesellschaft unterschiedlich und äußerst vielfältig. Die gesellschaftliche Pluralität der Lebensweisen und Konsumstile entsteht, weil das Handeln der Menschen in ein Geflecht von Bedingungen eingebettet ist, die es beeinflussen. Diese Bedingungen gleichen nicht so sehr den immer wieder beschworenen ‚Stellschrauben', die nach einem einfachen mechanischen Modell bestimmen, wie ein Mensch lebt; vielmehr handelt es sich bei den Bedingungen des Alltagshandelns um sehr unterschiedliche

Faktoren, die ineinandergreifen, deren Ineinandergreifen aber von Individuen und sozialen Gruppen mitgestaltet wird (auf die Rolle verschiedener Akteure bei der Gestaltung von Strukturen geht die Struktur-Botschaft näher ein).

Da sind zunächst einmal Rahmenbedingungen des Alltags – wie das Einkommen, Erspartes, Vermögen, bestehende finanzielle Verpflichtungen, zu bedienende Kredite, Verpflichtungen aus Eigentum oder Miete, die Wohnsituation, die gesamte Versorgungs- und Verkehrsinfrastruktur dort, wo sich die Personen, Paare, Familien oder anderen Gruppen entschlossen haben zu leben. Weiterhin gibt es die Anforderungen des Berufslebens, der Partnerschaft, der Versorgung von Kindern und zu pflegenden Angehörigen, aber auch die Freizeitwünsche und Erholungsansprüche. Schließlich spielen die Normen und Werte der Person, ihres sozialen Umfeldes und der Gesellschaft eine Rolle. Mit dieser Vielzahl von Elementen, die ihre Lebenswirklichkeit beeinflussen, versuchen Menschen so umzugehen, dass ihr Alltag nicht nur funktioniert, sondern auch ihren Ansprüchen auf Selbstverwirklichung, Glück und ein gelungenes Leben gerecht wird. Statt des Stellschraubenmodells passt eher das Bild des ausbalancierten Mobiles. Jedes Element wirkt – jedoch nicht linear-kausal – auf die anderen Elemente ein. Aus den vielen Einzelfaktoren basteln sich die Menschen ihre eigenen Lebensstile, innerhalb derer sie versuchen, die Tätigkeiten und Entscheidungen des Alltags gut zu organisieren und zu gestalten. Daraus ergeben sich Logiken des Alltags und eingespielte Lebensweisen, in die die Nutzung von Konsumangeboten ebenfalls eingebaut ist (die Aushandlungs-Botschaft geht davon aus, dass Menschen die Fähigkeit, mit vielfältigen und widersprüchlichen Anforderungen umzugehen, auch in gesellschaftliche Aushandlungsprozesse einbringen können).

Ein Weiteres kommt hinzu: Die Umstände, in denen Menschen leben, verändern sich dauernd. Sie verändern sich durch äußere Einflüsse, werden aber auch von den Menschen selbst verändert: Menschen verlieben sich, sie ziehen zusammen und wieder auseinander. Sie bekommen Kinder, diese wachsen heran und ziehen aus. Der Haushalt ist mal grö-

Wie sich biografische Umbrüche auf den alltäglichen Konsum auswirken

Am Beispiel der Geburt eines Kindes und des Umzugs in eine andere Stadt hat der Verbund „LifeEvents" herausgefunden, dass es im Umgang mit solchen Lebensereignissen einen typischen zeitlichen Verlauf gibt.

Die Veränderung von Alltag und alltäglichen Konsummustern erfolgt nicht abrupt, sondern beginnt bereits vor dem Ereignis mit einer *Vorbereitungsphase*. Das Ereignis wird in der Vorstellung vorweggenommen, und im Voraus werden Maßnahmen ergriffen, die den Alltag nach dem Lebensereignis beeinflussen werden. Das sind zum einen organisatorische Vorbereitungen (Absprachen Elternzeit, Auswahl neuer Energieanbieter usw.) und räumliche oder technische Veränderungen (zum Beispiel Kauf neuer Geräte), zum anderen wird Wissen über die neuen Lebensumstände (Ernährung und Pflege eines Säuglings, Umgebung der neuen Wohnung) erworben. Die Aufgabe, sich Wissen und Handlungsweisen anzueignen, die im bisherigen Leben wenig relevant waren, ist nicht immer ganz einfach. In Interviews mit frischgebackenen Eltern hat sich zum Beispiel gezeigt, dass diese Aufgabe häufig erschwert wird, indem widersprüchliche Informationen (etwa im Zusammenhang mit der Babyernährung) kommuniziert werden, mit denen die Eltern umgehen müssen.

In der *Anpassungsphase* erfolgt der ‚Praxistest' für die getätigten Vorbereitungen. In dieser Zeit werden die Herausforderungen des Umbruchs konkret, und es müssen schnell Lösungen gefunden werden. Daher wird nach machbaren, zu dem aktuellen Problem passenden Lösungen gesucht (Suche nach der praktikabelsten ÖPNV-Verbindung, dem nächstgelegenen Wochenmarkt usw.). Je besser die Lösungen den neuen Alltagsanforderungen entsprechen und je einfacher sie mit den zur Verfügung stehenden Ressourcen umsetzbar sind, desto eher werden sie in dieser Phase übernommen.

Anschließend erfolgt die *Restabilisierung* der Routinen, die sich unter den neuen Gegebenheiten von räumlichen und sozialen Bedingungen sowie Bedürfnissen und Anforderungen als praktikabel erwiesen haben. Die Personen haben nun das Gefühl, in der neuen Umgebung bzw. im neuen Lebensabschnitt ‚angekommen' zu sein, was sich vor allem durch die tägliche Wiederholung der funktionierenden Alltagshandlungen bestätigt.

Insbesondere in der Vorbereitungsphase sind die Betreffenden sehr empfänglich für Informationen rund um das erwartete Ereignis und entsprechend beeinflussbar. In der Phase der Restabilisierung dagegen sind Menschen wieder weniger empfänglich für Anregungen zur Verhaltensveränderung.

ßer, mal kleiner. Sie ziehen um, sie wechseln den Job. Mal ist mehr Geld da, mal weniger. Paare trennen sich. Partner werden krank, Familienangehörige sterben. Bedürfnisse und Wünsche, Kriterien eines gelungenen Lebens, das Wertesystem verändern sich. Unterschiedliche Lebensphasen erfordern unterschiedliche Formen der Alltagsgestaltung und unterschiedliche Konsumhandlungen. Viele Veränderungen geschehen unmerklich, es gibt aber Lebensereignisse, die alles durcheinander wirbeln.

Routinen geben dem Alltag Stabilität und Sinn

Warum sind Routinen wichtig? Wenn man immer gleiche oder zumindest ähnlich ‚gestrickte' Handlungsabläufe ausführt und so Routinen ausbildet, vereinfacht das den Alltag. Routinen ermöglichen es uns, angesichts der beschriebenen Komplexität der Lebensumstände nicht jeden Tag neu darüber nachdenken, neu abwägen, neu diskutieren, neu entscheiden zu müssen, welches Handeln für welche Situation angemessen ist. Benutze ich heute für die Strecke zur Arbeit das Fahrrad, den ÖPNV, das Auto oder gehe ich zu Fuß? Meist geben wir die Antwort ganz praktisch, indem wir immer oder gar automatisch ein bestimmtes Verkehrsmittel wählen. Oder indem wir Routinen für bestimmte Bedingungen entwickeln, zum Beispiel dass wir immer, wenn es das Wetter erlaubt, das Fahrrad wählen. Die Entwicklung solcher Routinen basiert einerseits auf ganz praktischen Erfahrungen im Alltag, andererseits sind darin auch Bewertungen enthalten, die sich auf symbolische und emotionale Qualitäten beziehen und sich auch abhängig vom sozialen Umfeld unterscheiden. So kann es dazu kommen, dass die eine Person das Auto, die andere das Fahrrad für das bequemste, flexibelste und praktischste Fahrzeug hält, weil die Eigenschaften und Möglichkeiten der Fahrzeuge je nach persönlichem Hintergrund unterschiedlich gewichtet werden (zum Beispiel schneller vorwärts kommen und mehr Stauraum für schweres Transportgut haben versus frische Luft, Bewegung und keine Parkplatzsuche).

Handlungsroutinen und die damit zusammenhängenden Bewertungsprozesse sind also – aus der jeweiligen Perspektive – wertvolle Me-

> **Sozio-kulturelle Bedeutungen eines Holzfeuerofens**
>
> *Eine Studie über Wärmeenergiekonsum im Privathaushalt hat deutlich gemacht, wie sehr die Art der Energiegewinnung mit sozio-kulturellen Bedeutungen und Motiven von Selbstbestimmung, Freiheit und Unabhängigkeit verknüpft ist. Diese Bedeutungen und Motive sind eng mit Identität und Selbstbildern verwoben, was den entsprechenden Routinen zusätzliche Stabilität und Beharrungsvermögen verleiht.*
>
> Forscherinnen aus dem Verbund „Seco@home" haben untersucht, weshalb heute so viele Eigentümerhaushalte in Ergänzung oder zusätzlich zur Zentralheizungsanlage holzbefeuerte Einzelraumöfen verwenden. Dabei haben sie zum einen herausgefunden, dass Wohnkultur mit lebendigem Feuer durch massenmediale Verbreitung zu einem modernen Wohnideal stilisiert wird (etwa in Wohnzeitschriften). Zum anderen werden Kamine und Öfen von ihren Nutzerinnen und Nutzern mit Traditionsverbundenheit, Gemütlichkeit, Naturverbundenheit und Natürlichkeit verbunden.
>
> Darüberhinaus scheint das Zuhause für viele Menschen ein Ort zu sein, an dem sie sich unabhängig fühlen möchten, zum Beispiel von globalisierten Produktionszusammenhängen. Das eigene Holz zum Heizen zu haben, steht dabei für ein Stück Autonomie im eigenen Leben. Wenn man das benötigte Holz selbst verarbeitet (etwa indem man Festmeter kauft, sägt und hackt), werden schließlich auch Geschlechterunterschiede bedeutsam gemacht: Holz zu verarbeiten, wird als genuin männliche Aktivität inszeniert und häufig von Männern ausgeübt. In Zeiten, in denen sich die Lebensläufe von Männern und Frauen immer mehr angleichen, hat diese Tätigkeit die Funktion, Geschlechterdifferenz in Paarhaushalten zu markieren.

chanismen der Komplexitätsreduktion, mit denen auch Erzählungen über Lebensstile und Lebensentwürfe verbunden sind.

Damit Menschen nachhaltiges Konsumhandeln in ihren Alltag integrieren können, müssen gesellschaftliche Nachhaltigkeitsziele auf die Ebene des Alltags heruntergebrochen werden

Alltagshandeln ist also praktisch bewährt, symbolisch bedeutsam und in Routinen eingeübt. Das bedeutet aber nicht, dass die Menschen in ihren Handlungsmustern ‚versteinert' sind. Routinen und eingespielte Handlungsweisen lassen sich ändern. Nicht alle Routinen sind so eng mit dem eigenen Lebensstil verknüpft, dass sie nicht aufgegeben werden können ohne Verlust eines Stückes eigener Identität. Zudem gibt es Verhaltensänderungen, die gerade im Rahmen des Lebensentwurfs gewollt sind und realisiert werden, sobald sich eine Gelegenheit dazu eröffnet (die Steuerungs-Botschaft geht darauf ein, dass Veränderungen von Routinen auch gezielt angestoßen werden können). Schließlich gibt es immer wieder Belege dafür, dass Personen ganz bewusst ihren Lebensstil ändern. Änderungen des alltäglichen Handelns wirken sich indessen – unabhängig davon, ob sie aus freien Stücken erfolgen oder gesellschaftlich ‚erzwungen' sind – in einem mehr oder weniger großen Ausmaß auf das ganze ‚Mobile' des eigenen Lebensstils aus.

Die Umsetzung übergreifender gesellschaftlicher Nachhaltigkeitsziele kann im privaten Konsumhandeln zur Folge haben, dass Haushalte ihre bisher gesetzten Prioritäten der Alltagsgestaltung in Frage stellen und ihre Routinen verändern (müssen). So bedeutet die Umsetzung der Energiewende in den Haushalten anders heizen, anders kühlen, anders beleuchten, sich anders fortbewegen, anders einkaufen, eine andere Unterhaltung und Freizeitgestaltung. Wer einmal Routinen bewusst verändert hat, weiß, wie schwierig, mühsam und zuweilen auch ärgerlich das zu Anfang selbst bei einfachen Handlungsabläufen sein kann. Die Älteren unter uns erinnern sich daran, wie sie begonnen haben, ihr Entsorgungsverhalten komplett auf Abfalltrennung umzustellen. Heute finden sie das so selbstverständlich, dass sie schon fast darunter leiden, wenn sie auf einer Auslandsreise keine Infrastruktur für die Wiederverwertung von Rohstoffen vorfinden. Noch viel schwieriger kann die Veränderung komplexer Routinen sein. Beispielsweise bedeutet die Umstellung auf eine fleischarme oder gar vegetarische Ernährung nicht nur, keine Fleischprodukte mehr zu kaufen, sondern die ganze Menüplanung neu zu organisieren, zu lernen, ein Festessen ohne Fleisch aufzutischen und damit vielleicht seine Gäste zu enttäuschen, gegen tradierte Vorstellungen anzukämpfen („ein echter Mann braucht ab und zu ein saftiges Steak"), den befreundeten Fleischer im Dorf vor den Kopf zu stoßen, im Lieblingsrestaurant keine attraktiven vegetarischen Speisen zu finden, auf Auslandsreisen Einschränkungen beim Essen oder auch schräge Blicke in Kauf zu nehmen usw. Und selbstverständlich ist eine Wende hin zu nachhaltigerem Konsum für einen Haushalt oft mit Kosten und Aufwand verbunden. Für die Alltagsgestaltung kann das bedeuten, dass das ganze Budget und die bisherigen Ausgabenprioritäten umgestellt werden müssen. Wer auf Grünstrom umsteigt, zahlt zwar nicht den höchsten, aber auch nicht den niedrigsten Strompreis. Wer uralte Küchengeräte austauscht, muss bereit sein, Investitionen zu tätigen, die sich erst nach einem längeren Zeitraum lohnen. Wer Eigentum hat oder Vermieter ist, dem muss klar sein, dass eine energetische Sanierung nicht nur kostspielig ist und sich nicht immer zu Lebzeiten amortisiert, sondern dass sie zudem – wie jede Baustelle – eine Menge Ärger bedeutet.

Der Umbau des Alltagshandelns in Richtung nachhaltiger Konsum ist also meist keine einfache Angelegenheit. Auch wenn die entsprechenden Veränderungen freiwillig und aus Überzeugung in Angriff genommen werden, bedeutet es nicht immer nur, Spaß zu haben, sondern auch ‚dicke Bretter zu bohren', dran zu bleiben, langen Atem zu haben und Unbequemlichkeiten durchzustehen. Manchmal wird man sich klar außerhalb des gesellschaftlichen Mainstreams stellen oder Dinge tun müssen die überhaupt nicht en vogue sind. Dies alles verschärft sich, wenn die Veränderungen nicht aus eigenem Entschluss erfolgen. Es hätte wenig Sinn, die Illusion entstehen zu lassen, tiefgreifende Umstellungen des Verhaltens seien ‚ganz easy', kostenlos zu haben und würden sich quasi von selbst erledigen.

Der Umbau erfolgt auch nicht immer so, wie sich jene, welche die Ziele formulieren, das vorstellen. Die Menschen in den Haushalten sind eigensinnig und kreativ. Sie basteln sich zum Beispiel ihre eigenen Fahrrad-Designs und tauschen sich darüber international rege aus (besonders im Internet und in schönen Büchern). Daraus kann sich ein neuer gesellschaftlicher Trend entwickeln, etwa nach diesem Muster: Das Selbstgebastelte wird von edlen Fahrrad-Manufakturen aufgenommen, weiter verbreitet und als Trend lanciert – die Industrie entwickelt supersmarte LED-Steck-Lichter, die in Deutschland zunächst illegal benutzt wurden, bis sich das Gesetz nach dem Trend richten musste und geändert wurde (dass oft in selbstinitiierten Experimenten erfunden wird, wie nachhaltiger Konsum aussehen könnte, ist auch Thema der Such-Botschaft).

Diese Radler sind nicht kreativ geworden, weil ihnen jemand gesagt hat: Ihr sollt CO_2 sparen und euch möglichst anstrengen und viel Rad fahren. Sie haben sich einfach einen neuen Mobilitätsstil gebastelt, und der setzt sich – in vielfältiger Abwandlung – als gesellschaftlicher Trend durch. Mit ähnlicher Kreativität beginnen zahllose, ganz traditionelle Heimwerker, ihre Häuser und Gartenhütten mit Solaranlagen auszustatten. Sie haben nicht immer nur die CO_2-Einsparung im Kopf, sondern finden auch die Vorstellung attraktiv, unabhängig von Ölmultis und Gazproms zu sein. Und das passt zu den Kartoffeln und gelben Rüben, die sie auch noch im Garten haben.

Den Konsum nachhaltig zu gestalten, würde bedeuten, dass gesellschaftliche Nachhaltigkeitsziele zu einem selbstverständlich mitbedachten Faktor im ‚Mobile' des Alltags werden – ebenso selbstverständlich wie Budgetüberlegungen oder die Bestrebungen, Gesundheit und Autonomie zu bewahren oder einen Freundeskreis zu pflegen. Damit dies gelingen kann, müssen die übergeordneten gesellschaftlichen Ziele auf den Alltag heruntergebrochen werden. Dies bedeutet, anschaulich und in ganzheitlicher Form vorstellbar zu machen, wie ein Alltag aussehen könnte und sich anfühlen würde, der zur Erreichung dieser Ziele beiträgt. Zusammenhänge zwischen Einzelhandlungen und abstrakten, entfernten Folgen (etwa „weniger Fleisch essen hilft Regenwälder zu erhalten und die Ernährungssituation vieler Menschen auf der Welt zu verbessern") zu kennen, heißt noch nicht, dass man sich vorstellen kann, was die – angenehmen und weniger angenehmen – Folgen von „weniger Fleisch essen" im eigenen Alltag sind. Deshalb sind Listen mit einzelnen Einkaufs- und Verhaltenstipps zwar konkret, aber nicht ausreichend, um den Einbau nachhaltiger Konsumhandlungen in den Alltag zu unterstützen.

Nachhaltigen Konsum muss man sich vorstellen und auch mal ausprobieren oder selbst erfinden können. Dazu tragen zum einen Geschichten bei, die zeigen, wie ein Alltag, in den nachhaltige Konsumhandlungen integriert sind, in seiner Gesamtheit aussehen könnte. Zum andern hilft es, alternative, noch ungewohnte Handlungen auszuprobieren und dabei konkret zu erleben, wie es wäre, diese in den eigenen Alltag einzubauen. Bekannt sind etwa Schnuppertickets im öffentlichen Verkehr, Probewohnen im Passivhaus und Probefahren von Elektro-Car-Sharing-Autos.

Empfehlungen

Geschichten erzählen über nachhaltigen Konsum im Alltag

Von öffentlichen oder privaten Akteuren – zum Beispiel einer Stadt in Zusammenarbeit mit einem Theater, einer Film- oder Designhochschule – werden Storytelling-Wettbewerbe in verschiedenen Sparten von Kunst und Gestaltung (etwa Literatur, Film, Comic, Spiel) ausgeschrieben. In diesen Geschichten wird die emotionale und subjektive Seite nachhaltigen Konsums miterzählt. Sie arbeiten mit Humor, Skurrilem oder Absurdem. Die Menschen können in ihrer Unzulänglichkeit, die Technik in ihrer Fehlerhaftigkeit, die Zusammenhänge in ihrem Chaos dargestellt und genossen werden.

Anforderungen an die Geschichten sind:

- Sie handeln von Menschen in verschiedenen Lebensphasen und verschiedenen gesellschaftlichen Gruppen, denen es mehr oder weniger gut gelungen ist, in ihrem Alltag Schritte in Richtung nachhaltigen Konsums zu gehen. Unterschiedliche Lebensstile und Lebensentwürfe werden dargestellt und damit diskutierbar gemacht.
- Sie stellen auch Visionäres und Unkonventionelles dar, das die herrschenden Denkmuster in Frage stellt. In der Gesamttendenz widersprechen sie wissenschaftlich fundiertem Wissen nicht.

- Sie sind nicht dogmatisch, das heißt, sie propagieren nicht eine bestimmte Lebensweise, sondern zeigen eine möglichst große Bandbreite nachhaltiger Lebens- und Konsumstile.
- Sie machen erlebbar, dass nachhaltige Lebens- und Konsumstile ganz verschieden sein können: Während in einer Geschichte von der Kreativität des Verzichts, der Genügsamkeit und der Askese erzählt wird, zeigt eine andere, dass es Platz für Luxus und Genuss gibt.
- Sie illustrieren Relevanz und Reichweite von Entscheidungen (zum Beispiel der Entscheidung, auf dem Land oder in der Stadt zu wohnen, mit allen ‚automatischen' Folgen für das Konsumhandeln und den ganzen Alltag).
- Sie zeigen, wie Menschen Lebensumbrüche für Veränderungen des Konsumhandelns nutzen und wie solche Veränderungsprozesse ablaufen.

Die Geschichten werden in geeigneter Form öffentlich zugänglich gemacht.

Möglichkeiten anbieten, nachhaltige Produkte, Dienstleistungen und Handlungsweisen auszuprobieren

Akteure, die alternative Produkte, Dienstleistungen oder Handlungsweisen anbieten, entwickeln, erfinden und fördern, bieten Konsumentinnen und Konsumenten Möglichkeiten an, diese auszuprobieren und dabei herauszufinden, ob und wie sie in ihren Alltag einbaubar wären. Dabei sorgen die Anbieter dafür, dass die Probenutzer die Möglichkeit erhalten, ihre Erfahrungen zu reflektieren und mit anderen auszutauschen und dass diese Erfahrungen in die Verbesserung der alternativen Produkte und Dienstleistungen einfließen. Erfahrungen und Erkenntnisse aus den Probenutzungen, die besonders interessant scheinen, werden weiterkommuniziert (zum Beispiel in Form von Geschichten). Dafür werden auch die vielen in Nachhaltigkeit engagierten Internetseiten, Diskussionsplattformen und Social Networks genutzt. Einen guten Rahmen für Probenutzungen und das Reden darüber bieten Kooperationen mit Industrie, Verbraucherberatungen, Gemeinden und weiteren Akteuren. Städte führen zum Beispiel Energiesparkampagnen durch, bei denen Berater ins Haus kommen und die Teilnehmenden Prämien für die Einsparung kassieren können. Die Sieger solcher Kampagnen, die extrem viel in ihrem Haushalt umgestellt haben, erzählen in einem Blog, wie das Leben jetzt so aussieht, was gut und was schief geht, was nervt und was Spaß macht.

Struktur-Botschaft

Viele verschiedene Akteure schaffen Strukturen – diese stehen alle in der Verantwortung, nachhaltigen Konsum zu fördern

Mythos

Entscheidend für nachhaltigen Konsum sind ausschließlich die Strukturen, die der Staat schafft. Nur der Staat ist deshalb verantwortlich, Strukturen so zu gestalten, dass sie nachhaltigen Konsum fördern. Alle anderen Akteure müssen sich nicht darum kümmern, sondern sich lediglich in diesem Rahmen bewegen.

Gegenentwurf

Strukturen, die nachhaltigen Konsum befördern oder behindern, werden nicht allein durch den Staat, sondern auch durch eine Vielzahl weiterer Akteure mit ganz unterschiedlichen Interessen geschaffen, bewahrt oder verändert. In dem Maße, wie sie das tun, tragen sie Verantwortung für die Erleichterung oder Erschwerung nachhaltigen Konsums.

Strukturen sind ein Gefüge von Bedingungen, die das Konsumhandeln prägen, in bestimmte Richtungen lenken und Sachzwänge erzeugen können

Konsumentinnen handeln nicht im luftleeren Raum, sondern innerhalb eines Gefüges von Bedingungen, die ihr Handeln beeinflussen. Dieses Gefüge von Handlungsbedingungen nennen wir hier „Strukturen". Sie sind ganz unterschiedlich geartet und greifen ineinander. Da sind einmal physisch-materielle Strukturen, die aus Gegenständen, Bauten, technischen Einrichtungen und Infrastrukturen sowie den mit ihnen verbundenen Regeln und Abläufen bestehen, also zum Beispiel aus Siedlungs-, Verkehrs-, Einkaufs- und Energieversorgungsstrukturen und den zugehörigen Tarifsystemen, Fahrplänen, Ladenöffnungszeiten usw. Zum zweiten gibt es gesellschaftlich-kulturelle Strukturen, die zum Beispiel aus den in einer Gesellschaft unterscheidbaren Gruppen, kulturell verankerten Weltsichten, Wertesystemen und Denkgewohnheiten, gesellschaftlichen Diskursen, Machtverhältnissen und informellen Regeln wie Traditionen, Sitten und Bräuchen bestehen. Weiter gibt es wirtschaftliche Strukturen, die sich etwa in Gehaltsstrukturen, Wettbewerbssituationen, Beschäftigungslagen, im Angebot von Konsumgütern und daran geknüpfter Werbung und Information ausdrücken. Schließlich sind da die rechtlichen, politischen und administrativen Strukturen, zu denen etwa Verfassung und Gesetze gehören, ebenso Mitwirkungsmöglichkeiten der Bevölkerung, durch den Staat festgelegte Rechte und Pflichten der wirtschaftlichen und zivilgesellschaftlichen Akteure, Kompetenzen der Behörden sowie die politische Kommunikation.

Alle Akteure einer Gesellschaft, individuelle Konsumenten ebenso wie die Organisationen der Zivilgesellschaft, Bildungseinrichtungen, Unternehmen und Verbände, Parlamente, Regierungen und Verwaltungen handeln innerhalb solcher Strukturen. Sie nehmen darin Handlungsmöglichkeiten, aber auch Einschränkungen und Barrieren des Handelns wahr. Manche Strukturen erscheinen Konsumentinnen als harte und nahezu unveränderbare Sachzwänge. Wird beispielsweise ein Neubaugebiet ohne Anschluss an das ÖPNV-System geplant und realisiert, so werden die Bewohnerinnen und Bewohner faktisch dazu gedrängt, individuelle Verkehrsmittel zu benutzen. Wenn die Hersteller von Handys sich nicht auf einheitliche Standards für Ladegeräte einigen können oder wollen, zwingen sie die Konsumenten, bei jedem Kauf eines Handys von einem anderen Hersteller ein neues Ladegerät mit zu erwerben. Aber auch Unternehmen fühlen sich Sachzwängen ausgesetzt, beispielsweise wenn Einzelhändler regionale Produkte in ihr Sortiment aufnehmen und sich dadurch Wettbewerbsnachteile, vor denen sie keine staatlichen Vorgaben schützen, gegenüber ihren global orientierten Konkurrenten einhandeln. Auch Markenbindungen, Preisdiktate und andere Auflagen von Produzenten und Lieferanten an den Einzelhandel sind Beispiele von Bedingungen, die den Handlungsspielraum von Unternehmen beschränken.

Strukturen prägen also das Handeln aller Menschen und damit das Konsumhandeln von Individuen (wie Menschen im Rahmen solcher Strukturen ihren Alltag gestalten, ist in der Aneignungs-Botschaft näher ausgeführt). Sie lenken es in bestimmte Richtungen, indem sie manche Handlungen nahelegen oder erzwingen und andere erschweren oder verhindern. Dennoch sind Menschen nicht vollständig durch Strukturen bestimmt, sie haben Freiheitsspielräume und nutzen diese in kreativer Weise für die Gestaltung ihres Lebens.

Strukturen entstehen und verändern sich durch das Handeln vieler Akteure, und diese beeinflussen sich gegenseitig

Strukturen werden von vielen verschiedenen Akteuren gestaltet, nicht nur vom Staat. Durch ihr Handeln schaffen, bewahren oder verändern diese Akteure Strukturen, die sich in der Folge auf ihre eigenen Handlungsmöglichkeiten und die anderer Akteure auswirken, welche ihrerseits wiederum durch ihr Handeln zum Erhalt oder zur Veränderung der Strukturen beitragen.

Dieses Ineinandergreifen der Handlungen verschiedener Akteure bei der Gestaltung von Strukturen zeigt sich zum Beispiel bei gewissen Entwicklungen des ÖV-Angebots. Die Strukturen des öffentlichen Verkehrs sind in wenig besiedelten Regionen oft nicht attraktiv (zum Beispiel weil Züge oder Busse zu selten, nur an Werktagen oder nur zu bestimmten Tageszeiten fahren oder weil die Qualität der Fahrzeuge viel schlechter ist als auf den Hauptverkehrsachsen). Die Bewohnerinnen solcher Regionen legen deshalb häufig ihre Wege im Auto zurück, und sie gewöhnen sich daran, den ÖV überhaupt nicht zu nutzen. Dies veranlasst wiederum die ÖV-Betreiber, das Angebot wegen zu geringer Auslastung weiter einzuschränken oder sogar gänzlich einzustellen, was in der Folge einen Sachzwang zum motorisierten Individualverkehr, sprich zur Nutzung des eigenen Fahrzeugs darstellt. Dieser Sachzwang kann wieder aufgebrochen werden, wenn Akteure sich daran stören und gezielt neue Strukturen für eine nicht-individuelle Mobilität schaffen, wobei dies auch Akteure sein können, die bis dahin nicht direkt an der Gestaltung der Verkehrsstrukturen beteiligt waren (die Erfindung von „Bürgerbussen" ist ein Beispiel dafür; es ist in der Such-Botschaft beschrieben).

Auch ein Computerhersteller, der seine Bauteile aus Produktionsstätten bezieht, in denen Menschen zu Niedriglöhnen und ohne entsprechenden Gesundheitsschutz arbeiten, schafft dadurch bestimmte Produktions- und Angebotsstrukturen. Kundinnen, welche die Produkte aus wirtschaftlichen Überlegungen, aus Gewohnheit, mangels Alternativen oder aus Unwissen kaufen, tragen zur Erhaltung dieser Strukturen bei. Verbraucherorganisationen, die zu Boykotten aufrufen oder transparente Informationen über Produktionsbedingungen erzwingen, greifen in diese Strukturen ein; manchmal gelingt es ihnen sogar, diese umfassend zu verändern.

Bei der Gestaltung von Strukturen spielen die offenkundigen Interessen der maßgeblich beteiligten Akteure eine Rolle, aber auch Leitbilder und Denkgewohnheiten, die den Akteuren nicht immer bewusst sind. So wird die Richtung des technischen Fortschritts zumeist durch ein technologisches Leitbild oder nicht hinterfragte Grundüberzeugungen vorgezeichnet. Solche ‚Paradigmen' prägen das Fortschrittsverständnis der beteiligten Akteure, materialisieren sich in den geschaffenen Prozessen, Infrastrukturen usw. und zugehörigen Regelsystemen und werden dadurch gewissermaßen fixiert. Kraftwerksbauer in Deutschland zum Beispiel machen mit einem gewissen Recht geltend, dass die kostengünstigste Methode, CO_2-Emissionen zu vermindern, die Wirkungsgradverbesserung bestehender fossiler Kraftwerke ist. Dieser Haltung liegen nicht nur wirtschaftliche Interessen und möglicherweise die Angst vor einer drohenden Entwertung des eigenen spezifischen Know-hows zugrunde, sondern ebenso das herrschende technologische Leitbild, wonach die Stromerzeugung am besten in fossil-thermischen Großanlagen erfolgt. Der Vorschlag der Wirkungsgradverbesserung ist eine Antwort auf die Herausforderungen der Klimaveränderung, die sich innerhalb dieses Denkmusters bewegt. Werden die entsprechenden Investitionen getätigt, hat das nicht nur zur Folge, dass auf Jahre hinaus weiterhin beträchtliche CO_2-Emissionen in Kauf genommen werden, sondern es bestätigt auch das technologische Leitbild. Dies wiederum bremst den technologischen und gesellschaftlichen Wandel hin zur (auch dezentralen) Stromerzeugung aus erneuerbaren Energien und die Suche der Stromversorger nach neuen Geschäftsmodellen.

Auch das Verhalten der Konsumenten wird durch verinnerlichte Vorstellungen, beispielsweise der gesellschaftlichen Zugehörigkeit und Identität, beeinflusst. Waren früher vor allem soziale Schichten handlungsprägend, so sind es heute spezifische Lebensstile oder Arten der Lebensführung, zu denen sich Individuen als zugehörig empfinden. Diese Zugehörigkeit zu bestimmten Lebensstilen und die Abgrenzung von anderen drückt sich stark durch das Konsumhandeln aus. Im wissenschaftlichen Diskurs werden zum Beispiel die „Konsummaterialisten" von den „Postmaterialisten" unterschieden. Erstere halten in den Regalen der Einzelhandelsgeschäfte vor allem nach günstigen Imageprodukten Ausschau, durch die sie sich einer bestimmten sozialen

Gruppe zugehörig zeigen können. Beispiele sind der neue Kühlschrank mit Eiswürfelproduktion oder das Heimkino. Ganz anders konsumieren die „Postmaterialisten", die stärker an fair gehandelten oder umweltverträglichen Produkten interessiert sind, dabei aber ebenfalls bestrebt sind, durch ihren Konsum die Zugehörigkeit zu einer sozialen Gruppe zu zeigen. Ein Beispiel hierfür ist das demonstrative Einkaufen mit Bastkorb und mitgebrachten Behältern an einem Demeter-Stand auf dem Markt. Der Wunsch nach Zugehörigkeit zu einem bestimmten Lebensstil hat die Funktion eines Leitbildes, das gleichzeitig den Rahmen für das Konsumhandeln eines Individuums vorgibt und durch dieses bestätigt wird, etwa indem andere diese Zugehörigkeit wahrnehmen und sich entsprechend verhalten. Das Konsumhandeln des Individuums wirkt strukturbildend, indem es zum einen zur Formung, Sichtbarkeit und Bestätigung spezifischer Lebensstile beiträgt und zum anderen die Angebotsstrukturen beeinflusst.

Strukturen können nachhaltigen Konsum begünstigen oder erschweren, und sie tun dies unabhängig von den Gründen, aus denen sie geschaffen wurden

Strukturen können ganz bewusst darauf angelegt oder dahingehend verändert werden, dass sie nachhaltiges Konsumhandeln erleichtern. Das ist zum Beispiel der Fall, wenn man biologisch erzeugte und fair gehandelte Lebensmittel nicht mehr nur in Spezialgeschäften, sondern auch im konventionellen Einzelhandel oder direkt beim lokalen Erzeuger kaufen kann, wenn die Mülltrennung durch entsprechende Angebote der kommunalen Entsorgungsdienste und durch die Gestaltung der Entsorgungsgebühren für die meisten Bürgerinnen zur Routine wird oder wenn Fußgänger- und Flanierzonen in Innenstädten und restriktive Parkplatzverwaltungen den motorisierten Individualverkehr einschränken. Punktuell kann sogar die Schaffung eines ‚Sachzwangs' zu nachhaltigem Konsum, also eines strukturellen Zwangs zu nachhaltigem Verhalten, beobachtet werden, etwa wenn die Besucher sportlicher oder kultureller Großanlässe nicht mit dem Auto anreisen können, weil

> **Wie gewachsene Strukturen die Bemühungen von Organisationen um sparsamen Stromkonsum am Arbeitsplatz hemmen**
>
> *Im Verbund „Change" wurde gezeigt, dass Organisationen, die ein Interesse an Energieeinsparungen haben (nicht zuletzt, um dadurch Stromkosten zu senken), auf spezifische strukturelle Hemmnisse stoßen können, die historisch gewachsen sind.*
>
> Im Fall von Hochschulen liegen spezifische Hemmnisse etwa in der Größe der Hochschulen, in den baulichen und technischen Voraussetzungen, den personellen und finanziellen Ressourcen, der hohen Fluktuation der Angehörigen (insbesondere natürlich der Studierenden) sowie den Schwierigkeiten, Erfolge von Maßnahmen nachzuweisen. Mit maßgeschneiderten Interventionen, hohem Commitment der Hochschulleitung, einer dialogorientierten Kultur, kreativen PR-Maßnahmen sowie gewissen monetären Anreizen können Organisationen aber auch mit solchen Hemmnissen so umgehen, dass sich hemmende Strukturen mittelfristig verändern.

die Organisatoren keine Parkplätze zur Verfügung stellen, gleichzeitig aber die Anreise mit Bus oder Bahn praktisch und preiswert gestalten.

Viele Strukturen, sowohl solche, die nachhaltigen Konsum erleichtern als auch solche, die ihn erschweren, sind jedoch nicht gezielt im Hinblick auf nachhaltigen Konsum gestaltet worden, sie sind vielmehr aus verschiedensten Gründen und manchmal über lange historische Zeiträume hinweg entstanden. So hat beispielsweise in Europa die bis in die 1950er-Jahre gesellschaftlich tief verankerte Sparsamkeitsmentalität das Getrenntsammeln von Wertstoffen in den Haushalten (insbesondere Glas und Papier) erleichtert. Umgekehrt hat das Aufkommen von Selbstbedienungsläden ‚nebenbei' einen Zwang zur Produktion von Verpackungsmüll erzeugt.

Wenn Akteure Strukturen schaffen, die nachhaltigen Konsum begünstigen, muss dies also nicht heißen, dass sie es gezielt und bewusst tun. Es kann sich um eine ‚Nebenwirkung' handeln, die sie nicht angestrebt haben und die ihnen nicht bewusst ist. Dieselben Akteure können die Strukturen aus irgendwelchen Gründen auch wieder in eine Richtung verändern, die nachhaltigem Konsum nicht förderlich ist, ohne

> **Strukturen des Handels mit gebrauchten Gütern erleichtern ‚nebenbei' nachhaltigen Konsum**
>
> *Im Verbund „Consumer/Prosumer" wurde festgestellt, dass der Gebrauchtwarenmarkt im Allgemeinen und der online-gestützte Gebrauchtwarenmarkt im Besonderen in einigen Warensegmenten (Kleidung, Bücher, Möbel) und unter bestimmten Bedingungen (regionale Suche, energieeffiziente PC-Nutzung) große Potenziale für nachhaltigen Konsum bergen. In aller Regel wurden und werden diese Strukturen aber nicht in der Absicht geschaffen, nachhaltigen Konsum zu erleichtern, und die meisten Kunden kaufen gebrauchte Güter auch nicht aus Gründen der Nachhaltigkeit.*
>
> Die Mehrheit der Konsumentinnen, welche beispielsweise die Plattform eBay nutzen, tut dies, weil der Online-Kauf bequem ist oder der Gebrauchtwarenkauf ihnen die Möglichkeit bietet, ihren sozialen Status durch Erwerb entsprechender Güter zu verbessern. Für Menschen in der Lebensphase der frühen Elternschaft ist der Handel mit gebrauchter Kinderkleidung und die Möglichkeit, höherwertiges Spielzeug, Kinderwagen usw. wenig gebraucht und zu einem geringeren Preis zu erwerben, attraktiv. Selbst jene, die sich durch eine aktive Beteiligung an der Plattform sowie die sorgsame Behandlung höherwertiger Güter mit dem Ziel, diese später weiterzuverkaufen, auszeichnen, zeigen nur geringes Interesse an Nachhaltigkeit, sowohl in ökologischer als auch in sozialer Hinsicht. Lediglich für etwa 20 Prozent sind ökologische Motive ausschlaggebend. eBay Europa hat sich in jüngster Zeit in Richtung einer Plattform für neue Produkte und Luxusprodukte gewandelt, hat also Strukturen gerade nicht so verändert, dass sie nachhaltigen Konsum noch mehr erleichtern.

dass sie das beabsichtigen. Nur wenn den strukturbildenden Akteuren die unbeabsichtigten Wirkungen ihrer Handlungen bewusst sind oder bewusst gemacht werden, ist es ihnen grundsätzlich möglich, die im Hinblick auf nachhaltigen Konsum sinnvollen Strukturen zu erhalten und zu festigen.

Alle Akteure, die maßgeblich strukturbildend wirken, haben die Möglichkeit, in ihrem Einflussbereich Strukturen gezielt so zu gestalten, dass sie nachhaltigen Konsum erleichtern, und viele tun dies auch. Ein Beispiel dafür ist die Praxis von Energieversorgungsunternehmen, ihre Kundinnen zur Einsparung von Energie anzuhalten. Sie tun dies nicht nur, indem sie ihnen Informationen zukommen lassen, wie das zu bewerkstelligen ist, sondern auch durch bestimmte Tarifstrukturen (beispielsweise progressive Stromtarife oder Tarif-Zeitzonen) oder durch den Einbau von Feedback-Systemen zum Beispiel mit Hilfe von Smart Meters (bei diesen kann der Kunde über ein Internetportal oder eine App seinen Stromverbrauch verfolgen und zum Beispiel mit Durchschnittswerten vergleichen).

Es bedarf häufig eines Dialogs verschiedener Akteure, um die Mechanismen der Strukturbildung und die darin wirkenden Interessen und Leitbilder zu erkennen und gegebenenfalls zu verändern. Dies ist notwendig, weil Strukturen durch das Zusammenspiel vieler Akteure entstehen und weil diesen nicht immer bewusst ist, dass sie überhaupt Strukturen (mit-)gestalten und welche für nachhaltigen Konsum relevanten Auswirkungen diese Strukturen auf das Handeln anderer Akteure haben können. Ein Schritt in diese Richtung wird beispielsweise von

Akteure der Wohnungswirtschaft gestalten Strukturen für den Einbezug von Mieterinnen

Im Verbund „Wärmeenergie" wurde die besondere Rolle von Akteuren der Wohnungswirtschaft in den Blick genommen. Der Fokus der Analyse lag dabei auf der Frage, welche Ansätze es gibt, um Mieter besser zu informieren und bei Sanierungsprozessen zu beteiligen, und welche dieser Ansätze in der Praxis mit welchem Erfolg angewendet werden.

Vertreter der Wohnungswirtschaft betonen in Interviews, dass insbesondere die Möglichkeit, Mieterinnen vor Ort zu informieren und zu beraten, eine wichtige Voraussetzung sei, um die Wissensbasis zu Fragen des Wärmekonsums zu verbreiten und zu Verhaltensänderungen in Richtung sparsame Energieverwendung zu motivieren. Konsultative Verfahren bei Sanierungen wie Begehungen, Einzelgespräche, Hausversammlungen oder Mieterumfragen werden von vielen Akteuren der Wohnungswirtschaft bereits weitgehend praktiziert. Noch weiter reichende partizipative Verfahren der Mietereinbindung setzen dagegen bislang nur wenige Unternehmen ein. In solchen Verfahren liegt jedoch ein Potenzial, um nachhaltige Energienutzung weiter zu stärken und mögliche Konflikte im Zusammenhang mit energetischen Sanierungen zu lösen.

einzelnen Unternehmen im konventionellen Einzelhandel im Zusammenhang mit den immer häufiger im regulären Sortiment angebotenen Bioprodukten getan. So richten Firmen Dialogforen ein, um einerseits die Wünsche und Vorstellungen der Kunden in den Vordergrund zu stellen und andererseits Ökoprodukte von der Nische in den Mainstream zu transportieren; als Nebenwirkung erhöhen sie auch noch ihr Image als verantwortungsvolle Akteure.

Insbesondere bei langfristig strukturprägenden Vorhaben kann es sogar sinnvoll sein, über den Dialog hinauszugehen und neue Strukturen gemeinsam zum Beispiel mit Mieterinnen, Nutzern und Konsumentinnen zu entwickeln. Sollen beispielsweise größere Siedlungs- und Infrastrukturprojekte gezielt so gestaltet werden, dass sie nachhaltige Nutzungen erleichtern, müssen sowohl die nachhaltigkeitsrelevanten Wirkungen struktureller Gestaltungselemente als auch die bei allen Beteiligten und Betroffenen herrschenden ‚Paradigmen' bewusst gemacht, geprüft und gegebenenfalls gemeinsam neu definiert werden. Dies geschieht zum Beispiel, wenn bei Wohnbauprojekten, bei denen durch bestimmte Aspekte der Siedlungsstruktur gezielt soziale Aspekte

---

Infrastrukturplanung kann auch partizipativ erfolgen

Das „Berner Modell der Verkehrsplanung" ist ein Beispiel für eine partizipative Infrastrukturplanung, das sich seit zwanzig Jahren bewährt.

Die verkehrspolitischen Grundsätze des Kantons Bern (Schweiz) zielen darauf ab, die Siedlungsentwicklung möglichst auf die Verkehrsinfrastrukturen auszurichten, insbesondere auf das Netz des öffentlichen Verkehrs. Verkehrsprobleme werden ganzheitlich – im Zusammenspiel von öffentlichem Verkehr, motorisiertem Individualverkehr, Fußgänger- und Fahrradverkehr – analysiert und angegangen. In einem partizipativen Planungsprozess werden bei größeren Projekten alle Betroffenen zur aktiven Mitwirkung eingeladen. Dies erlaubt es, die Ziele gemeinsam festzulegen und das Projekt schrittweise zu entwickeln. Dabei kommen Konflikte rechtzeitig auf den Tisch und werden ausdiskutiert. Eine Wirkungskontrolle dient der fachlichen Überprüfung des ausgeführten Vorhabens und dem Ablegen von Rechenschaft gegenüber den politischen Behörden über die Zielerreichung.

der Nachhaltigkeit unterstützt werden sollen, zu diesem Zweck partizipative Verfahren stattfinden. Häufig werden dabei nicht nur jene gesellschaftlichen Gruppen, die nachhaltige Innovationen geradezu einfordern, sondern auch die – oft sozial benachteiligten – Imitatorinnen oder Nachzügler in die Planung einbezogen. Unter Mitberücksichtigung von Mehrgenerationenwohnkonzepten, Kindertagesstätten, geeigneten Freizeit- und Kommunikationseinrichtungen usw. kann so ein eigenständiges, nachbarschaftliches Profil entstehen, mit dem sich alle Bewohnergruppen identifizieren.

Alle Akteure sollten dazu beitragen, dass Strukturen nachhaltigem Konsum förderlich sind

Wenn also letztlich alle Mitglieder einer Gesellschaft – und nicht nur der Staat – zur Gestaltung der handlungslenkenden Strukturen in der Gesellschaft beitragen, so tragen auch alle eine Verantwortung dafür. Diese ist freilich nicht für alle Akteure gleich, sondern unterscheidet sich je nach ihren strukturbildenden Rollen. Für die Gestaltung der gebauten Umwelt und der technischen Strukturen, die das Handeln oft über Jahre hinaus und ‚hart' in bestimmte Richtungen lenken, tragen in erster Linie Planer, Architektinnen und die Entscheidungsträger der öffentlichen Hand Verantwortung. Für das verfügbare Sortiment von Produkten und Dienstleistungen sind vor allem Herstellerinnen, Lieferanten und der Einzelhandel verantwortlich, die mit ihren Produktionsstrukturen, Beschaffungsentscheidungen und ihrer Informations- und Werbepolitik die Konsumhandlungen der Konsumentinnen wesentlich steuern. Dafür, dass bestehende Strukturen erhalten bleiben oder aber Veränderungen angestoßen werden oder sich verstetigen, sind wesentlich auch Konsumenten verantwortlich. Sie tun dies zum einen mit ihren Konsumentscheidungen (und sei es die Entscheidung, auf bestimmte Konsumhandlungen zu verzichten), zum anderen mit bürgerschaftlichem und politischem Engagement. Hier sind auch Verbraucher- und andere nichtstaatliche Organisationen in der Verantwortung, da sie zum einen Konsumentscheidungen mitbeeinflussen und bürgerschaftliches Engagement unterstützen und zum anderen Druck auf Anbieter und die Politik ausüben können.

Um einen kontinuierlichen Prozess der strukturellen Erneuerung in Richtung nachhaltigen Konsums in Gang zu setzen und aufrechtzuerhalten, müssen wichtige Mechanismen der Strukturbildung und dahinterstehende Leitbilder, aber auch ganz konkrete Interessen der Akteure identifiziert werden. Und es ist zu prüfen, wie verträglich die bestehenden Strukturen, Mechanismen der Strukturbildung und Leitbilder mit nachhaltigem Konsum sind. Dies ist nicht allein Aufgabe des Staates, sondern aller strukturbildenden Akteure. Dafür sind Dialog, Kooperation und die Bereitschaft notwendig, eigene Interessen, Vorstellungen und Leitbilder sowie die Folgen eigenen strukturbildenden Handelns für andere zu überdenken und von anderen zu lernen. Auch für die Umsetzung bedarf es der Kooperation, denn einzelne Akteure können in der Regel ihre Ideen zur Veränderung von Strukturen, die nachhaltigem Konsum förderlich sein sollen, nicht allein umsetzen, sondern sind auf die Zusammenarbeit mit staatlichen Stellen und anderen strukturbildenden Akteuren einschließlich der Konsumentinnen angewiesen.

Empfehlungen

Strukturbildende Mechanismen und Leitbilder hinterfragen und Verbesserungsmöglichkeiten prüfen

Unternehmen, Branchenverbände, Organisationen der öffentlichen Hand und Nichtregierungsorganisationen, welche die von ihnen maßgeblich geprägten Strukturen so verändern wollen, dass sie nachhaltigen Konsum fördern, organisieren Dialogprozesse, an denen auch Konsumentinnen und Konsumenten beteiligt werden. Der Schwerpunkt der Dialogprozesse liegt auf der gemeinsamen Reflexion der strukturbildenden Mechanismen, der dahinterliegenden Leitbilder und auf den Auswirkungen der Strukturen auf das individuelle Konsumhandeln, insbesondere auf Effekten, die nachhaltigen Konsum erleichtern oder erschweren. Zudem werden gemeinsame Vorstellungen darüber entwickelt, welche Strukturen nachhaltiges Konsumhandeln fördern würden, und diese werden auf ihre Machbarkeit hin eingeschätzt (zum Beispiel im Rahmen einer Zukunftswerkstatt). An den Dialogprozessen werden auch Akteure beteiligt, die sich nicht prioritär mit nachhaltigem Konsum beschäftigen.

Bei neuen strukturrelevanten politischen Vorgaben und bei großen Siedlungs- und Infrastrukturprojekten partizipative Planungsverfahren durchführen

Bei großen, eindeutig und langfristig strukturbildenden Vorhaben dienen die partizipativen Verfahren in erster Linie der Entwicklung des Projekts, beim Inkrafttreten von Beschlüssen mit absehbar großen strukturellen Wirkungen dienen sie in erster Linie der Gestaltung der Umsetzung. Alle Beteiligten und Betroffenen sowie gegebenenfalls Experten oder Expertinnen für die Beurteilung von Nachhaltigkeitseffekten werden in Mitwirkungsverfahren eingebunden. Eine professionelle Leitung dieser Verfahren stellt sicher, dass die Interessen und Leitbilder der Akteure offengelegt und Konflikte ausdiskutiert und dass die handlungslenkenden Wirkungen der strukturellen Veränderungen allen bewusst werden. Die Entscheidungsträger beziehen die Ergebnisse solcher Mitwirkungsverfahren in ihre Erwägungen ein, und sie geben darüber Auskunft, wie sie damit umgegangen sind.

Such-Botschaft

In sozialen Initiativen werden gesellschaftliche Erfahrungen gewonnen, die für nachhaltigen Konsum fruchtbar zu machen sind

Mythos

Die Frage, wie nachhaltiger Konsum konkret aussehen könnte, kümmert nur Expertinnen und Experten in Wissenschaft und Politik. Die Normalbürger engagieren sich nicht von sich aus für Veränderungen in Richtung nachhaltiger Konsum, sondern ziehen erst mit, wenn sie ‚von oben' überzeugende Aussagen und Richtungsvorgaben erhalten oder mit entsprechenden Rahmenbedingungen zu Veränderungen gedrängt oder gezwungen werden.

Gegenentwurf

Gruppen von Bürgern und Bürgerinnen, auch gemeinsam mit Unternehmen und anderen Akteuren, suchen von sich aus nach alternativen Konsumformen und erproben neue Lebens- und Wirtschaftsweisen, die sie für sich als lebbar und als nachhaltig erachten. Selbstinitiierte Experimente, neue Lernorte und neuartige Zusammenschlüsse kreativer Konsumentinnen auf lokaler Ebene sind Ausdruck dieser Suchbewegung und zeugen von gesellschaftlichem Gestaltungswillen und -wissen. Aufgabe von Politik und Verwaltung ist es, solche Initiativen wahrzunehmen und ihre Erfahrungen für die Gestaltung nachhaltigen Konsums fruchtbar zu machen.

Gesellschaftlicher Wandel hin zu mehr Nachhaltigkeit ist ein gemeinsamer Such- und Experimentierprozess

Niemand weiß heute mit endgültiger Sicherheit, wie eine nachhaltige Gesellschaft genau aussieht, was nachhaltiger Konsum konkret bedeutet und wie der Weg dorthin gestaltet werden kann. Zudem kann sich morgen schon als falsch erweisen, was heute richtig erscheint. Nachhaltige Entwicklung ist deshalb ein andauernder Prozess des Suchens, des Revidierens und Experimentierens. An diesem gesellschaftlichen Suchprozess ist die Zivilgesellschaft genauso beteiligt wie Politik und Verwaltung, Wirtschaft und Wissenschaft. Während die Suchbewegungen von Politik und Verwaltung zur Formulierung von gesellschaftlichen Zielen, zu Strategien und Maßnahmen führen und die Wissenschaft Analysen, Argumente und Begründungen liefert, drückt sich die Suche der Zivilgesellschaft in verschiedensten Formen sozialer Bewegungen, Initiativen und Experimente aus.

Es ist ein grundlegender Mechanismus gesellschaftlicher Entwicklung, dass Neuerungen oftmals zunächst in lokalen Gemeinschaften, Initiativen und Experimenten erfunden und erprobt werden, von denen einige mit der Zeit eine Umsetzung im größeren Maßstab erfahren. Initiativen alternativer Lebens- und Konsumstile spielen deshalb eine wichtige Rolle auf dem Weg zu Nachhaltigkeit im Konsum. Sie erfinden und erproben neue Handlungsmöglichkeiten und Organisationsformen, ohne von Anfang an genau zu wissen, wohin dies führen wird und welche Folgen es nach sich zieht. Sie werden auf der Ebene des konkreten Handelns wirksam und vermitteln neue Erfahrungen und das Erleben, mit dem eigenen Handeln etwas bewegen zu können. Gleichzeitig können sie unter bestimmten Bedingungen einen Impuls hin zum kulturellen Wandel geben und attraktiv für breitere Bevölkerungsgruppen – die ‚Mitte der Gesellschaft' – werden. Dies zeichnet sich derzeit etwa beim Car-Sharing oder beim gemeinschaftlichen Gärtnern in Großstädten ab.

Dass individuellen Akteuren und neuartigen Zusammenschlüssen verschiedener Akteure in Veränderungsprozessen eine wichtige Rolle zukommt, zeigt sich zum Beispiel an kooperativen Aktivitäten im Rahmen von Klima-Cafés oder an Klima- und Umweltschulen. In Letzteren sind auf Initiative von Schülern Geschäftsmodelle wie Energie- oder Mobilitätsagenturen entstanden. Zum ersten können hier die Schulen durch die Einnahmen, die sie mit Energiesparmaßnahmen generieren, defizitäre Bereiche ihrer übrigen Infrastruktur ‚subventionieren', zum zweiten haben Schülerinnen dabei Energieeinspardienstleistungen entwickelt, die in die Haushalte der Eltern hineinwirken. ‚Nebenbei' wird technisches und gesellschaftliches Wissen erarbeitet und weitergegeben, und Kooperationen mit Kommunen und Verbraucherzentralen sind entstanden.

Soziale Initiativen haben unterschiedliche Zielsetzungen und Organisationsformen – ihre Bandbreite bietet Anschlussmöglichkeiten für eine Vielfalt von Lebensentwürfen

Soziale Initiativen entstehen aus ganz unterschiedlichen Gründen und haben unterschiedliche Ziele und Organisationsformen. Manche zielen lediglich auf eine Verbesserung der eigenen lokalen Lebensqualität (zum Beispiel Bürgerbusse), andere möchten den Wandel hin zu einer nachhaltigen Gesellschaft beispielhaft gestalten und leben (wie Transition-Town-Initiativen); manche beschränken sich auf die Veränderung eines einzelnen Elements des Konsumhandelns (beispielsweise Fab Labs), andere erproben alternative Lebens- und Wirtschaftsweisen (wie Community Supported Agriculture (CSA) oder autofreie Wohnviertel). Ebenso engagieren sich Menschen aus ganz unterschiedlichen Gründen in sozialen Initiativen. Manche Initiativen, zum Beispiel Carrotmobs, sind unter anderem wegen ihrer neuartigen Aktionsformen, der thematischen Vielfalt und der ‚undogmatischen' Ansprache für viele attraktiv, andere wegen der Möglichkeit, neue Kompetenzen zu entwickeln (dazu, dass Bildungsprozesse auch außerhalb formaler Bildungseinrichtungen stattfinden, äußert sich die Befähigungs-Botschaft detaillierter) und Unabhängigkeit zu gewinnen (etwa Gemeinschaftsgärten, Häuser der Eigenarbeit).

Wieder andere Initiativen können attraktiv sein, weil sie neue Formen der Partizipation erproben. In Initiativen wie Community Supported Agriculture, Bürgeraktiengesellschaften, Energiegenossenschaften, Bürgerbussen, Bioenergiedörfern oder autofreien Wohnvierteln übernehmen die Teilnehmenden über ihre Rolle als Konsumentinnen und Konsumenten hinaus Verantwortung und gestalten die Prozesse rund um die Konsumhandlungen maßgeblich mit. Die weitgehende Beteiligung und Mitbestimmung (zum Beispiel an der Gestaltung von Versorgungsleistungen und Infrastruktur oder an der Art der landwirtschaftlichen Produktion und Verarbeitung) erfordert aber auch eine gewisse Verbindlichkeit und ein längerfristiges Engagement (englisch: Commitment), was wiederum nicht allen Menschen zusagt. Gerade das bei solchen Initiativen wichtige Element des gemeinschaftlichen Gestaltens kann manche davon abhalten, sich zu beteiligen.

Entsprechend ihrer Spontaneität, Vielfalt und Ergebnisoffenheit sind nicht alle sozialen Initiativen relevant, um nachhaltigen Konsum zu befördern, und nicht alle sind darauf ausgerichtet oder geeignet, sich im größeren Maßstab in der Gesellschaft zu verbreiten.

Bürgerbusse – wie Konsumentinnen und Konsumenten Verantwortung für eine Versorgungsleistung übernehmen

In Deutschland gibt es über 100 Bürgerbusvereine. Dieser auf bürgerschaftlichem Engagement basierende Dienst schafft dort ein zusätzliches öffentliches Nahverkehrsangebot, wo dies aus Kostengründen sonst nicht möglich wäre. Die Bürgerinnen bringen sich hier – über ihre Rolle als Konsumenten hinaus – in die Gestaltung einer wichtigen Versorgungsleistung ein. Gerade für ältere Personen spielt der Bürgerbus eine wesentliche Rolle, um auf dem Land mobil zu bleiben und selbstständig Zugang zu Gesundheits-, kulturellen und Versorgungsleistungen zu haben. Aufgrund der landeshoheitlichen Verwaltungs- und Genehmigungszuständigkeit für den öffentlichen Nahverkehr ist die Genehmigungspraxis von Bundesland zu Bundesland sehr unterschiedlich. Insbesondere die restriktiven Vorschriften des Personenbeförderungsgesetzes erschweren weiterhin die Einrichtung ehrenamtlicher Fahrdienste.

Transition-Town-Initiativen – wie lokale Gemeinschaften alternative Lebensweisen für eine lokale Energiewende gestalten

Die aus England kommende Transition-Town-Initiative basiert auf der Idee einer möglichst umfassenden Selbstversorgung kommunaler Einheiten. Sie folgt einem wissenschaftlichen Ansatz, der mit dem Modell eines geschlossenen (Energie-)Kreislaufs eine lokal organisierte Wirtschaftsweise anstrebt. Weltweit sind über 450 Initiativen registriert. Die 50 in Deutschland bekannten Gruppen haben einen sehr unterschiedlichen Status, folgen aber in erster Linie dem Gedanken einer praktischen – örtlich realisierbaren – Energiewende. Hierbei soll jedoch der Gedanke der sozialen Vernetzung und kulturellen Verbindung stärker gelebt werden, das heißt, neben technischer Veränderung gehört die alternative Gestaltung des eigenen Lebens zu den Grundelementen dieses Ansatzes. Die Vielfalt des möglichen – und teilweise auch unverbindlichen – Engagements, sei es bei der Errichtung von Solaranlagen, bei der Vermittlung von Einspartipps, dem Obstanbau oder bei der Verkehrsplanung, ermöglicht einen breiten Zugang für verschieden aktive und interessierte Bevölkerungsgruppen.

3-D-Werkstätten/Fab Labs – wie Konsumenten und Konsumentinnen neue Technologien zur individuellen und bedarfsgerechten Fertigung von Produkten nutzen

In 3-D-Werkstätten oder Fab Labs wird das wachsende Bedürfnis nach ‚do it yourself' in einer modernen Variante aufgegriffen. 3-D-Drucker, Laser Cutter und weitere Technologien ermöglichen die eigene Produktion kleiner Figuren und Formen (zum Beispiel Schmuckstücke, Schachfiguren, Salzstreuer, Schlüsselanhänger) auf Basis einer digitalisierten Zeichnung. 3-D-Werkstätten oder Fab Labs sind in einigen Städten (etwa Zürich, Hamburg, München, Bremen) Bestandteile von Jugend- oder Gemeinschaftszentren und möchten insbesondere Jugendlichen niedrigschwellig den Zugang zu kreativer Gestaltung und Eigeninitiative eröffnen. Teilweise verstehen sie sich als Weiterentwicklung von offenen Werkstätten oder Häusern der Eigenarbeit (zum Beispiel München), in denen der Wert der individuellen Fertigung von Gebrauchsgütern als Kontrast zur Massenproduktion vermittelt werden soll. Über die Bereitstellung von Möglichkeiten des eigenen Gestaltens können weitere nachhaltigkeitsrelevante Aspekte, wie die Eigenschaften verschiedener Werkstoffe, der Lebenszyklus von Produkten usw. zur Sprache kommen. Das erste Fab Lab hat sich in Aachen als studentische Initiative entwickelt.

Soziale Initiativen können in der ‚Mitte der Gesellschaft'
Verbreitung finden

Individuen und Gruppen, die sich in sozialen Initiativen engagieren, werden auch als „Pioniere des Wandels" (englisch: Change Agents) bezeichnet. Sehr oft hinterfragen sie bestehende Regeln und Prozesse, indem sie diesen eine Alternative gegenüberstellen (in der Struktur-Botschaft findet sich mehr dazu, weshalb es für nachhaltigen Konsum wichtig ist, Strukturen und strukturrelevante Leitbilder zu hinterfragen). Sie können aber auch als Trendsetter Entwicklungen verstärken oder Gelegenheitsfenster aktivieren und damit Innovationen aus der Nische in die Breite der gesellschaftlichen Wahrnehmung überführen. Im Konsumfeld Ernährung zeigt sich dies an Beispielen wie dem stadtnahen Eigenanbau von Gemüse und der Initiative von Gemeinschaftsgärten. Durch die Häufung von Lebensmittelskandalen sowie den Wunsch nach einer lebenswerten Gestaltung der Innenstädte haben Themen wie urbanes Gärtnern und Selbstversorgung mit Lebensmitteln in den letzten Jahren an Bedeutung gewonnen. Dabei haben Arbeitsgruppen im Kontext von Prozessen der Lokalen Agenda 21 und Kulturinitiativen diesen Ansatz weiterentwickelt und integrierte Kultur- und Lernorte ‚für alle' geschaffen. Ein Beispiel sind die Internationalen Gärten, die vorrangig zur Integration von Migrantinnen beitragen möchten und das Bedürfnis der Selbstversorgung mit sozialen Nachhaltigkeitsaspekten verbinden. Diese Ideen wurden mittlerweile in zahlreichen Großstädten (unter anderem in Frankfurt/Main, Dresden, Berlin) aufgegriffen, und die ‚Normalbürger' nehmen die Konzepte gemeinschaftlichen Gärtnerns gut an.

Die Pioniere des Wandels nehmen unterschiedliche Rollen auf der Ebene einer Familie oder eines Unternehmens, einer Kommune oder eines Landes wahr, je nach Phase des Prozesses und abhängig von strukturellen Aspekten und den Kontexten der Veränderung. Das oben beschriebene Beispiel der Schulen und der wechselnden Funktionen ihrer Akteure im Klimaschutz, aber auch das Beispiel von Gemeinschaftsgär-

Community Supported Agriculture (CSA) – wie Konsumentinnen und Produzenten gemeinsam anders wirtschaften

Vor allem in den USA und England, aber zunehmend auch in Deutschland, setzen sich Modelle der gemeinsamen Verantwortungsübernahme für die umweltfreundliche Produktion von Lebensmitteln durch. CSA bedeutet, dass eine Gruppe von Bürgerinnen sich verbindlich bereit erklärt, die gesamte Ernte eines landwirtschaftlichen Betriebs abzunehmen, und hierfür in Vorkasse geht. Die Landwirte haben somit Planungssicherheit und sind davon entlastet, sich um die Vermarktung ihrer Produkte kümmern zu müssen. Sie richten sich ihrerseits möglichst weitgehend auf die Bedürfnisse ihrer Kunden ein und stellen ein möglichst breites Angebot zur Verfügung. Es handelt sich somit um ein neues Geschäftsmodell, bei dem beide Seiten Verpflichtungen zugunsten der Produktion von umweltfreundlichen und gesunden Lebensmitteln zu beiderseitigem Nutzen eingehen. Gemeinsame Aktivitäten (Hoffeste, Arbeitseinsätze usw.) verstärken die Beziehungen der Konsumentinnen zu ‚ihrem' Hof und ermöglichen Einblicke in die Produktion von Lebensmitteln.

Carrotmob – wie Konsumenten und Konsumentinnen neuartige Anreize für nachhaltige Anbieter organisieren

Carrotmob („mit der Karotte locken") ist eine neue Aktionsform zur Unterstützung kleiner Unternehmen durch Konsumentinnen, die über soziale Netzwerke im Internet gesteuert wird. Die Ladenbesitzer verpflichten sich, einen bestimmten Anteil ihrer Einnahmen an einem bestimmten Tag zum Beispiel für ein Klimaschutzprojekt zu spenden oder ihr Angebot nachhaltiger zu gestalten. Die Organisatoren des Carrotmobs rufen dann via Internet dazu auf, an diesem definierten Tag dort einzukaufen, um den Umsatz entsprechend zu erhöhen. Entstanden ist diese Idee 2008 in Kalifornien. Mittlerweile ist sie in zahlreichen deutschen Städten als Beitrag zum ethischen Konsum erfolgreich kopiert worden. Die lokal organisierten Initiativen etwa in Köln, Hamburg, München oder Frankfurt/Main betreiben jeweils auch eigene Internetforen zum „Strategischen Konsum", um sich auszutauschen und über ihre Erfolge zu berichten. Die Attraktivität dieser Aktionsform kann unter anderem darin liegen, dass kein langfristiges Engagement notwendig ist, sondern bereits punktueller Einsatz zu sichtbaren Erfolgen führt.

ten (Angebot ermöglichen, Teilnahme und Selbstnutzung, Verbreitung der Idee) verdeutlichen diese Ebenen und Rollen. Gleichzeitig ist die Vernetzung von Akteuren aus verschiedenen Konsumbereichen erfolgversprechend für die Wirkung von Pionieren des Wandels, wie das Angebot und die Nutzung entsprechender Informations- und Aktionsplattformen nahelegen.

Das Verbreitungspotenzial sozialer Initiativen hängt davon ab, wie tiefgreifend die damit verbundene Veränderung von Verhaltensmustern für die Betroffenen ist bzw. wie hoch die geforderte Verbindlichkeit ist. Dabei spielt eine Rolle, ob die veränderten Handlungsweisen an bestehende Routinen anknüpfen können und ob es sich um Veränderungen handelt, die gesellschaftlich – zumindest in bestimmten Gruppen – bereits akzeptiert sind. Manche sozialen Initiativen sind durch ihren Charakter des Alternativen (oder ‚Subversiven') nur für bestimmte kleine Gruppen attraktiv und ihr Verbreitungspotenzial ist deshalb eher gering.

Für eine Ausweitung in die ‚Mitte der Gesellschaft' sind häufig Weiterentwicklungen der Initiativen erforderlich wie der leichtere Zugang, eine bessere ‚Marktförmigkeit' oder ein verringerter Einsatz von Ressourcen der Teilnehmenden (Zeit, Geld usw.). Notwendig ist oft ebenfalls ein Wechsel der Promotoren. Die ursprünglichen Initiatoren, die eine Idee entwickelt haben, sind manchmal nicht diejenigen, die sie am besten verbreiten können. Des Weiteren kann die gesellschaftliche Wahrnehmung und Anerkennung von sozialen Experimenten als grundsätzlich erwünscht und wertvoll (zum Beispiel durch das Verleihen entsprechender Preise oder eine positive Berichterstattung in den Medien) einen Beitrag zu ihrer Verbreitung leisten.

Aus sozialen Initiativen kann vieles gelernt werden

Ebenso vielfältig wie die sozialen Initiativen selbst sind auch das Wissen und die Erfahrungen, die in ihrem Rahmen gewonnen werden. Es ist Aufgabe der Politik, dieses alltags- und handlungsnahe Wissen – ergänzend etwa zum theoretischen und empirischen Wissen aus der Wissenschaft – ‚abzuholen' und fruchtbar zu machen für eine intelligente Steuerung in Richtung nachhaltigen Konsums (mehr zu dem, was eine intelligente Steuerung ausmacht, ist in der Steuerungs-Botschaft dargelegt). Aus sozialen Initiativen lässt sich Verschiedenes lernen. Manche Initiativen setzen Vorstellungen für innovative Versorgungsleistungen und Produkte um wie Bürgerbusse oder Fab Labs; andere initiieren innovative Steuerungsinstrumente wie Carrotmobs; wieder andere zeigen, dass alternative Lebens- und Wirtschaftsweisen und entsprechende Strukturveränderungen möglich sind wie Transition-Town-Initiativen und Community Supported Agriculture (die Bedeutung nichtstaatlicher Akteure für Strukturveränderungen ist auch Thema der Struktur-Botschaft).

Um zu beurteilen, ob und bis zu welchem Grad soziale Initiativen zu einer nachhaltigen Entwicklung beitragen, sind deren Wirkungen zu betrachten. Ein allgemeiner positiver Effekt scheinen Kompetenzgewinne der beteiligten Akteure zu sein. Aus der Perspektive sozialer Nachhaltigkeit sind die Selbstorganisation von Bürgerinnen und Bürgern und die Eigeninitiative für die Gestaltung der Gesellschaft wertvoll. Ein derartiges Engagement und der Aufbau eigener Organisationsformen sind mit Lernprozessen und dem Gewinn von Gestaltungskompetenz verbunden – Qualitäten, die im Zusammenhang mit einer „Bildung für Nachhaltige Entwicklung" (BNE) als besonders wichtig gelten (die Befähigungs-Botschaft äußert sich näher dazu, welche Kompetenzen für nachhaltigen Konsum besonders wichtig sind). Viele der Initiativen enthalten außerdem ein Element des gemeinschaftlichen Entscheidens und Gestaltens und wirken damit vorhandenen Trends der Individualisierung und Vereinzelung entgegen. Aus der Perspektive ökologischer Nachhaltigkeit liegt das Potenzial der gemeinschaftlichen Nutzung, die ein Element mancher Initiativen darstellt, darin, dass Produkte und Infrastrukturen intensiver genutzt und damit Ressourcen für die Herstellung einer größeren Menge von Produkten oder zusätzlicher Infrastrukturen eingespart werden können. Aus der Perspektive ökonomischer Nachhaltigkeit schließlich tragen manche Initiativen zur Erhaltung von Arbeitsplätzen und lokaler Wertschöpfung bei.

Die spezifischeren Wirkungen auf ökologische, soziale und ökonomische Nachhaltigkeitsaspekte müssen in Bezug auf die Zielsetzungen der jeweiligen Initiativen und ihren Handlungsbereich beurteilt werden. Eine Evaluation anhand extern aufgestellter Indikatoren und Zielstellungen widerspricht in gewisser Weise dem Selbstverständnis und dem offenen, partizipativen Charakter selbstinitiierter Experimente. Hier zeigt sich ein grundsätzliches Dilemma: Einerseits wird gerade das offene Experimentieren zur Entwicklung neuer Strukturen und Angebote gebraucht. Will man andererseits die dadurch gewonnenen Lernschritte nutzen, ist es wünschenswert, die Wirkungen zu beobachten und zu dokumentieren. Sofern Initiativen für sich selbst beanspruchen, zu Nachhaltiger Entwicklung beizutragen und durch entsprechende Programme gefördert werden möchten, können eine Evaluation und ein Monitoring anhand gemeinsam festgelegter Kriterien auch für die Initiativen selbst hilfreich sein und der kontinuierlichen Anpassung ihrer Zielsetzungen und Aktivitäten dienen. Wenn es darum geht, zu entscheiden, ob die Verbreitung bestimmter sozialer Initiativen in der Gesellschaft durch die Politik aktiv gefördert werden soll, ist besonders die Frage von Bedeutung, ob eine solche ‚Aufskalierung' das Nachhaltigkeitspotenzial der Experimente erhöhen oder verringern würde.

Die Wahrnehmung eines Veränderungsdrucks ‚von unten' in Form sozialer Initiativen kann auch zur Stärkung der Bestrebungen nachhaltigkeitsorientierter Kräfte in Politik und Verwaltung beitragen. Soziale Initiativen können zu wertvollen Bündnispartnern für Politikerinnen und Politiker werden und diese bei innovativen Entscheidungen unterstützen (die Notwendigkeit solcher Bündnispartner ist auch Thema der Mut-Botschaft).

Politik und Verwaltung können soziale Initiativen auf unterschiedliche Weise fördern

Soziale Initiativen und Experimente können polarisieren, sie werden teilweise belächelt oder stoßen sogar auf erbitterten Widerstand. Damit soziale Initiativen wie die beschriebenen für eine tiefgreifende und flächendeckende Veränderung der Gesellschaft in Richtung Nachhaltigkeit fruchtbar werden können, ist daher Unterstützung durch eine innovative Politik, Verwaltung und weitere Akteure notwendig, die soziale Experimente ermöglicht und das Lernen daraus fördert. Allerdings gibt es ein gewisses Spannungsfeld zwischen der Spontaneität und Initiative ‚von unten' und einer Förderung durch Politik oder Verwaltung zum Beispiel mit Fördergeldern, die unter bestimmten Auflagen vergeben werden. Die Rolle von Politik und Verwaltung besteht deshalb nicht in einer gezielten Steuerung der Initiativen selbst, sondern hauptsächlich in der Gestaltung von Bedingungen, die Experimente erleichtern und das Lernen daraus ermöglichen sowie gegebenenfalls eine Verbreitung begünstigen. Soziale Initiativen zu unterstützen, um daraus lernen zu können, beinhaltet auch, das Risiko einzugehen, dass diese eventuell ihre Ziele nicht erreichen, dass sie keinen Beitrag zu Nachhaltiger Entwicklung leisten oder dass sie sich nicht über Nischen hinaus verbreiten, obwohl dies wünschenswert wäre (die Wirtschaftsförderung kennt dies unter dem Stichwort „Risikokapital").

Um mehr über die förderlichen und hemmenden Rahmenbedingungen für solche Initiativen zu erfahren und Schlüsse hinsichtlich optimaler Formen der Unterstützung zu ziehen, ist ein verstärkter Austausch mit den Akteuren selbst erforderlich. Schon heute zeichnet sich ab, dass die Ermöglichung von Eigeninitiative zum Beispiel durch die Verringerung des bürokratischen Aufwands, die Bereitstellung von Räumen und Flächen sowie die Nutzung von Ermessensspielräumen in der Auslegung entsprechender Verordnungen und Gesetze (zum Beispiel Haftungsgesetz) eine wesentliche Rolle spielt. Sehr wichtig bei der Förderung sozialer Initiativen ist auch der Aufbau entsprechender Plattformen, welche die Vermittlung von Kontakten zwischen den Initiativen und gegenseitiges Lernen erlauben.

Empfehlungen

Soziale Initiativen ermöglichen

Politik und Verwaltung auf lokaler und regionaler Ebene schaffen Freiräume, die Eigeninitiative in den verschiedenen Bereichen nachhaltigen Konsums zulassen und schützen. In der Verwaltung gibt es dafür einen professionelle ‚Ermöglicher', der auf unterschiedlichen Ebenen versucht, soziale Initiativen zu fördern. Dazu gehört die Identifikation der lokalen Situation (Ist-Aufnahme von Gruppen und innovativen Akteuren, wie es teilweise bereits durch Lokale-Agenda-21-Beauftragte erfolgt ist). Um den Bedarf und die Wünsche nach Vernetzung oder Unterstützung zu ermitteln, werden Befragungen durchgeführt, beispielsweise im Kontext von Bürgerhaushalten. Fehlt es den Initiativen an Räumlichkeiten (attraktive Treffpunkte) oder Flächen (etwa zum Aufbau von Stadtgärten oder für alternatives Wohnen) werden diese vermittelt – in Absprache mit Bauverwaltung, Grünflächenamt oder privaten Besitzern (zum Beispiel bei Saisongärten oder CSA). Damit die Nutzung von Räumen oder Flächen funktioniert, hilft die professionelle ‚Ermöglicherin' bei der Formulierung von Verträgen und Vereinbarungen und bemüht sich um kreative Lösungen in Haftungs- und Sicherheitsfragen.

Lernen aus sozialen Initiativen unterstützen

Akteure wie (Verbraucher-)Organisationen und Medien erzeugen durch positive Berichterstattung und Auszeichnungen öffentliche Aufmerksamkeit für Initiativen, die für nachhaltigen Konsum bedeutsam sind. Sie machen diese bekannt und heben hervor, weshalb sie wichtig sind und was von ihnen gelernt werden kann. Ausgewählte Initiativen werden über mehrere Monate hinweg begleitet, zum Beispiel mit entsprechenden Reportagen oder Filmen. Auf Länder- oder Bundesebene wird ein Innovationspreis für besonders viel versprechende Initiativen ausgelobt.

Nichtregierungsorganisationen und Akteure der öffentlichen Hand fördern Kontakt und Austausch zwischen sozialen Initiativen sowie zwischen diesen und Akteuren, die von sozialen Initiativen lernen wollen. Dafür bauen sie Netzwerke und Austauschplattformen auf und pflegen diese. Politik und Verwaltung beteiligen sich an diesem Austausch und verstehen sich als ein suchender Akteur unter mehreren.

Grundlagen

Der gemeinsame Boden unserer Botschaften

Vorbemerkung

Unsere Botschaften speisen sich zum einen aus der Forschung der Verbünde im Themenschwerpunkt Nachhaltiger Konsum und zum anderen aus den Ergebnissen unserer gemeinsamen Synthesearbeit. Dieses Kapitel gibt Auskunft über die Erkenntnisse, theoretischen Ansätze und Begrifflichkeiten zu Konsum, zu nachhaltigem Konsum und zur Steuerung des Konsums Richtung Nachhaltigkeit, die aus unseren Synthesediskussionen hervorgegangen sind. Die hier zusammengestellten Überlegungen beschreiben also den gemeinsamen Boden, auf dem die Botschaften gewachsen sind. Sie sind damit eine Grundlage für alle Botschaften gleichermaßen und finden sich teilweise auch genau so in diesen wieder.

Was ist Konsum eigentlich?

Was alles gehört zum Konsumieren?

Wenn in Zeitungen oder Reden über Konsum gesprochen wird, gewinnt man oft den Eindruck, dass nur an das gedacht wird, was Menschen kaufen und wie viel sie dafür ausgeben. Konsum ist aber viel mehr als

> **Konsum ist mehr als das Kaufen von Produkten.**

das. Konsum ist ein ganzes Bündel von Handlungen, die das tägliche private, berufliche und öffentliche Leben durchziehen. Man unterscheidet privaten Konsum, Konsum von Unternehmen und Organisationen und Konsum von öffentlichen Einrichtungen. Wir fokussieren in unseren Botschaften auf den Konsum von Individuen und klammern den Konsum von Organisationen, Unternehmen und Einrichtungen der öffentlichen Hand aus. Aber auch wenn man den Konsum von Individuen betrachtet, geht es um mehr als nur das Kaufen von Produkten. Wir sprechen deshalb von Konsumhandeln. Dieses Handeln umfasst sowohl, dass Menschen sich über ihre Bedürfnisse und Wünsche klar werden, als auch, dass sie wählen, welche Produkte, Dienstleistungen und Infrastrukturen sie beschaffen, benutzen, in Anspruch nehmen wollen wie auch, dass sie entscheiden, wann und wie sie Produkte entsorgen oder weitergeben wollen. Ein Bündel von Konsumhandlungen beginnt also zum Beispiel damit, dass eine Person überlegt, ob und welches Kleidungsstück sie zu welchem Zweck braucht, wo sie sich dieses beschaffen will und auf welchem Weg. Es setzt sich damit fort, dass sie dieses auswählt, kauft und nach Hause nimmt. Damit ist das Konsumieren aber nicht abgeschlossen. Nun kommt die Phase der Nutzung: Wo und wie wird es aufbewahrt? Wann und wie oft wird es angezogen? Wie wird es gepflegt? Wie und wie oft wird es gereinigt? Das Konsumieren endet schließlich damit, dass die Person entscheidet, ob, wann und wie sie sich davon trennt.

Man kann und muss sogar einen Schritt weiter gehen: Die Grenze zwischen Produzieren und Konsumieren kann nicht scharf gezogen werden – zum einen verarbeiten Menschen Konsumgüter und produzieren daraus andere Güter (zum Beispiel eine Mahlzeit oder ein Bücherregal), zum anderen sind Konsumentinnen und Konsumenten manchmal auch an der Entwicklung von Produkten beteiligt (in der Literatur wird der Begriff „Prosuming" verwendet, zusammengesetzt aus den englischen Wörtern producing und consuming, um diesen Grenzbereich zwischen Produzieren und Konsumieren zu benennen).

Als Weiteres kommt hinzu: Ein großer Teil dieser Konsumhandlungen geschieht routinemäßig und eher unüberlegt, also in einem gewissen Sinne ‚automatisiert', das heißt, Menschen treffen Konsumentscheidungen nicht immer bewusst und nicht immer aufs Neue. Das ist wichtig, um den Lebensalltag zu bewältigen, es hängt allerdings auch von der Häufigkeit ab, mit der Menschen eine bestimmte Konsumhandlung durchführen und nicht zuletzt davon, wie leicht Produkte, Dienstleistungen und Infrastrukturen zugänglich sind. Wenn Menschen größere Investitionen tätigen, zum Beispiel ein Haus oder ein Auto kaufen, eine Weltreise buchen, eine Ausbildung beginnen oder eine Lebensversicherung abschließen, werden sie Entscheidungen bewusster treffen, als wenn sie auf dem Nachhauseweg den täglichen Einkauf erledigen oder wenn sie ihr Geschirr spülen. Aber auch hier stehen Entscheidungen an, selbst wenn Menschen diese vielleicht nur selten bewusst und wohlüberlegt treffen bzw. wenn sie routinemäßig nach einmal getroffenen Entscheidungen handeln. In Deutschland können und müssen Menschen zum Beispiel wählen, welche Milch sie wollen, weil sie verschiedene Produkte zur Auswahl haben.

Was beeinflusst das Konsumhandeln?

Alle diese Handlungen der Bedarfsreflexion, der Informationssuche, des Wählens, Beschaffens, Verbrauchens oder Nutzens und Verwertens, Entsorgens oder Weitergebens sind – unabhängig vom Bewusstheitsgrad der dahinterstehenden Entscheidungen – in vielschichtige soziale Interaktionen von Abstimmung, Aushandlung und Zusammenarbeit eingebunden. Dies beginnt bereits im engsten Umfeld mit Verhandlungen im privaten Haushalt darüber, wie warm es in den Räumen sein soll, was gegessen wird, welche Waschmittel verwendet werden, wie oft geputzt wird, wohin der Urlaub führen soll, wer was anziehen soll/darf usw. Konsumhandeln hat zwar immer eine funktionale Seite – sich ernähren, sich vor Kälte, Sonne und Regen schützen, sich bilden, sich erholen, am gesellschaftlichen Leben teilhaben usw. –, es hat aber meist auch eine symbolische Seite, das heißt, es ist auch mit Bedeutung aufgeladen. In einem größeren Umfeld markieren Konsumhandlungen die Zugehörigkeit zu sozialen Gruppen, und zwar durch das, was Menschen besitzen, und durch die Art und Weise, wie sie es nutzen und sich von ihm trennen – die Reise in die Karibik ist ebenso ein Ausdruck der Zugehörigkeit oder des Wunsches nach Zugehörigkeit zu

> **Die Konsumhandlungen eines Menschen sind mit vielen individuellen, sozialen, kulturellen und technischen Faktoren verwoben.**

einer bestimmten Gruppe wie der bewusste Verzicht auf einen Fernseher (auch der Verzicht auf bestimmte Konsumgüter gehört zum Konsumhandeln). Bewusst oder unbewusst teilen Menschen sich selbst und andere so in Gruppen ein und machen damit auch politische Aussagen – die Jutetaschen der 1980er-Jahre sind dafür ebenso ein Beispiel wie die Wahl der Tageszeitung. Konsumhandlungen haben nicht nur eine soziale, sondern ebenso eine individuelle Bedeutung, das heißt, welche Produkte und Dienstleistungen Menschen in Anspruch nehmen und wie sie damit umgehen, hängt immer auch damit zusammen, wie sie für sich persönlich Lebensqualität definieren – so können Opernbesuche für einen Menschen eine sehr hohe Bedeutung haben und für einen anderen gar keine – und welche moralischen Werte ihnen wichtig sind (zum Beispiel für den Umgang mit Tieren).

Das Konsumhandeln von Menschen ist aber ebenso sehr auch gesellschaftlich-institutionell und kulturell geprägt, angefangen mit Kleidervorschriften, Ernährungsvorschriften oder Vorschriften zur Nutzung von Parkanlagen bis hin zu Vorstellungen darüber, wann eine Wohnung sauber ist oder wie gut beheizt Innenräume sein sollen. Das Konsumhandeln von Menschen ist teilweise auch vorgegeben, zum Beispiel durch das, was auf dem Markt erhältlich ist oder das, was ein technisches Gerät an Nutzung vorsieht oder eben nicht. Die Gruppe, zu der Menschen gehören und an deren Werte und Normen sich ihr Konsumhandeln bewusst oder unbewusst anpasst, ändert sich im Lauf des Lebens (zum Beispiel Schüler sein, Eltern sein, Rentnerin sein), und entsprechend ändern sich meist auch die Konsumhandlungen.

Die Handlungen des Wählens, Beschaffens, Nutzens, Entsorgens usw. von Konsumgütern sind also zum einen mit einer Vielzahl individueller, sozialer, kultureller und technischer Faktoren verwoben, zum anderen ist ihre Durchführung auf die Zusammenarbeit sehr vieler Akteure angewiesen. Beides macht Konsumhandeln so komplex, dass eine Reduktion auf den reinen Akt des Kaufens eine unzureichende Vereinfachung mit weitreichenden Folgen für das Nachdenken über nachhaltigen Konsum wäre.

Konsumhandlungen können sich auch gegenseitig bedingen. Wenn sich jemand zum Beispiel entscheidet, ein Haus zu kaufen, zieht dies eine Reihe weiterer Konsumhandlungen nach sich, die alle mit dem Unterhalt eines Hauses zusammenhängen. Wenn sich jemand für ein Haus auf dem Land entscheidet, hat diese Konsumhandlung Folgen etwa für die Art und Weise, wie der Haushalt die Mobilität gestaltet. Konsumhandlungen bilden so ein Geflecht verwobener Tätigkeiten. Es ist deshalb zwar oftmals praktisch, aber nicht immer sinnvoll und manchmal gar nicht möglich, einzelne Konsumhandlungen oder einzelne Konsumfelder (wie den Bereich der Mobilität oder der Ernährung) isoliert in den Blick zu nehmen.

Über diese Dinge hinaus gibt es natürlich eine ganze Reihe von Akteuren, die versuchen, das Konsumhandeln von Menschen (zum Beispiel durch Werbung) in bestimmte – und durchaus auch widersprüchliche – Richtungen zu lenken. Dies sind staatliche Akteure genauso wie zivilgesellschaftliche (beispielsweise Tierschutzgruppen, Eine-Welt-Gruppen oder Gruppen, die sich für gesunde Ernährung einsetzen) oder wirtschaftliche Akteure (etwa Einzelhandelsunternehmen oder Medikamentenhersteller).

Wie muss Konsum sein, um nachhaltig zu sein?

Sind Menschen überhaupt verantwortlich für ihre Konsumhandlungen?

Konsumhandlungen wirken sich auf Dritte und die Natur aus und sind daher keine reine Privatangelegenheit und nicht moralisch neutral. Konsumhandlungen haben zumeist natürlich-materielle Voraussetzungen und Folgen in dem Sinne,

> **Konsumhandlungen sind keine reine Privatangelegenheit und nicht moralisch neutral.**

dass sie direkt oder indirekt Komponenten der Natur nutzen und sich auf die Natur auswirken. Dass sich die Herstellung, der Vertrieb, die Beschaffung, die Nutzung und die Entsorgung von Konsumgütern stark auf die natürliche Umwelt auswirken, ist mittlerweile weitgehend unbestritten. Gleichzeitig haben Konsumhandlungen zumeist auch soziokulturelle Voraussetzungen und Folgen. Indem man für Produkte, Dienstleistungen und Infrastrukturen zahlt, trägt man zum Einkommen anderer Menschen bei; je nachdem, welche Produkte man sich beschafft, nimmt man schlechte Arbeitsbedingungen, zu niedrige Löhne und Zwangsarbeit in Kauf; die Art der Entsorgung zum Beispiel von elektronischen Produkten in Deutschland gefährdet die Gesundheit der Menschen, die diese Abfälle weiterverarbeiten; dass in Deutschland fast alle ein Mobiltelefon besitzen und dieses alle paar Jahre (oder schneller) austauschen, fördert die blutigen Auseinandersetzungen bei der Gewinnung der darin verbauten Rohstoffe usw. Das Bewusstsein für die sozialen und kulturellen Folgen von Konsumhandlungen hat in den letzten Jahren ebenfalls stark zugenommen. Unabhängig davon, wie bewusst das einem einzelnen Menschen jeweils ist, ist es eine Tatsache, dass seine Konsumhandlungen Wirkungen auf andere Menschen und die Natur haben. Aus dieser Tatsache ergibt sich eine moralische Verantwortung der Konsumentinnen und Konsumenten.

Dem kann entgegengehalten werden, dass die positiven wie die negativen Auswirkungen von Konsum zwar insgesamt evident, aber nie eineindeutig auf einzelne Konsumhandlungen und einzelne Individuen rückführbar sind und dass sich der relative Anteil einer einzelnen Handlung an diesen Wirkungen nicht bestimmen lässt. Aus dieser Nicht-Messbarkeit und Nicht-Rückführbarkeit den Schluss zu ziehen, es gebe keine Verantwortung, wäre aber nicht zulässig. Auch wenn man die Folgen seines Handelns nicht vollständig überblickt, ist man nicht von der Verantwortung für das eigene Tun entlastet. Konsumhandlungen dürfen und müssen deshalb beurteilt werden, auch wenn sich die konkrete Wirkung jeder einzelnen Konsumhandlung nicht identifizieren lässt. Die Frage ist nun, wie diese Beurteilung erfolgen kann. Ganz unabhängig von der Rückführbarkeit sind die Wirkungen einzelner Konsumhandlungen oft nicht bekannt, und zwar in zweierlei Hinsicht: Oft wissen wir nicht (und manchmal können wir es auch nicht wissen), welche direkten Folgen und welche Fern- und Spätfolgen Handlungen haben (werden). Oft ist es auch so, dass das erforderliche Wissen (grundsätzlich) vorhanden wäre, wir aber die Information nicht haben. Die Verantwortung für direkte und indirekte Folgen von Konsumhandlungen darf also nicht vollumfänglich den Konsumentinnen und Konsumenten übertragen werden. Die Frage ist damit, wie weit die Verantwortung der Konsumentinnen und Konsumenten reicht.

Weshalb ist es nicht einfach, Nachhaltigkeit im Konsum zu bestimmen?

Wenn es um Nachhaltigkeit geht, muss die Idee der Nachhaltigkeit den Maßstab liefern, mit dem Konsumhandlungen beurteilt werden dürfen und müssen. Die Idee der Nachhaltigkeit, wie sie von den Vereinten Nationen in die internationale Diskussion eingebracht wurde und wie sie seither auch in Deutschland verfolgt wird, besagt, dass die Art und Weise, wie Menschen ihr Leben gestalten, nicht auf Kosten anderer Menschen gehen darf, nicht auf Kosten künftiger Generationen gehen und nicht die natürlichen Lebensgrundlagen gefährden darf. Kerngedanken der Nachhaltigkeit sind somit die Erhaltung der natürlichen Lebensgrundlagen, die Solidarität und Gerechtigkeit innerhalb und zwischen Nationen und Generationen und das Wissen um die Vernetztheit sozialer, ökologischer, kultureller und wirtschaftlicher Faktoren und Anliegen – diese dürfen nicht gegeneinander ins Feld geführt werden, sondern sind aus einer integrierenden Perspektive zu betrachten. Nachhaltigkeit ist eine gesellschaftliche Aufgabe, die alle, vom Staat bis zu den Individuen, in die Pflicht nimmt.

> **Mit Zielkonflikten, Wertentscheidungen und Unsicherheiten umzugehen gehört zur Bestimmung nachhaltigen Konsums mit dazu.**

Nachhaltigkeit im Konsum kann deshalb nicht in einzelne Elemente dieser Idee zerteilt werden, sondern muss der Idee als Ganzer Rechnung tragen, auch wenn man beispielsweise ökologische, soziale oder wirtschaftliche Zusammenhänge durchaus getrennt analysieren muss und kann. Würde man nachhaltigen Konsum auf einen dieser Aspekte reduzieren – zum Beispiel ökologischen Konsum oder fairen Konsum –, würde man dem Ganzen der Idee nicht gerecht. Es ist eine Binsenwahrheit, dass die Idee der Nachhaltigkeit Zielkonflikte beinhaltet; es ist nicht möglich, immer gleichzeitig sowohl ökologischen Zielen als auch sozialen Zielen wie auch wirtschaftlichen Zielen vollumfänglich Genüge zu tun. Vielmehr gehört es zur Idee der Nachhaltigkeit, dass mit Zielkonflikten umzugehen ist und Wertentscheidungen zu treffen sind. Dies berührt auch die Wirkungen (die erwünschten wie die unerwünschten) von Maßnahmen, die wir zum Beispiel in Deutschland ergreifen, um Ziele zu verfolgen, die uns sinnvoll scheinen. Ein erfolgreiches Förderprogramm für regionale Produkte beispielsweise verringert den Umsatz importierter Produkte und kann damit das Einkommen einer Gruppe von Menschen schmälern, die zur Sicherung ihres Lebensunterhalts auf den Export von Produkten in andere Länder angewiesen ist. Nachhaltigkeit ist keine nationale, sondern eine globale Idee, das heißt, Nachhaltigkeit ‚endet' nicht an der Grenze eines Nationalstaates. Zielkonflikte können also nicht nur zwischen den Zieldimensionen Nachhaltiger Entwicklung entstehen (oder sogar innerhalb), sondern auch zwischen einem Schwerpunkt auf regional-nationale Entwicklungen und einem Schwerpunkt auf internationale Entwicklungen.

Entgegen dem, was vielleicht wünschenswert wäre, ist es deshalb gar nicht so einfach zu sagen, wann Konsumhandlungen nachhaltig sind (ganz abgesehen davon, dass es alles andere als einfach ist, fairen Konsum oder ökologischen Konsum zu definieren). Wertentscheidungen zu treffen und mit Zielkonflikten umzugehen ist Teil der Auseinandersetzung um nachhaltigen Konsum und nicht etwas, das zu überwinden ist. Das betrifft uns als Gesellschaft ebenso wie es uns als Individuen betrifft. Es ist unvermeidlich, dass Konsumentinnen und Konsumenten mit widersprüchlichen Anforderungen und Zielvorstellungen konfrontiert werden. Wir müssen als Gesellschaft über Ziele und Kriterien nachhaltigen Konsums diskutieren und über den Umgang mit Zielkonflikten, und Konsumentinnen und Konsumenten müssen mit widersprüchlichen Anforderungen und Zielvorstellungen umgehen und einschätzen können, welche Anliegen und Argumentationen legitim sind und welche nicht. Hinzu kommt, dass sich das, was wir heute zu wissen meinen, morgen als große Unwissenheit entpuppen kann, und das, was wir heute als richtig erachten, morgen als großer Irrtum.

Die Herausforderung besteht also darin, dieser Komplexität und Unsicherheit Rechnung zu tragen und ausreichend differenzierte Aussagen über und Vorschläge für nachhaltigen Konsum zu machen, dabei aber gleichzeitig Handlungsfähigkeit herzustellen. Es wäre der Sache auch nicht dienlich, wenn wir die Komplexität der Aufgabe nachhaltiger Konsum so auffassen würden, dass wir uns am Ende so sehr darin verstricken, dass wir gelähmt sind.

Woran soll man sich orientieren, um nachhaltigen Konsum zu bestimmen?

Die Idee der Nachhaltigkeit setzt der Entwicklung der Gesellschaft ein übergeordnetes Ziel, und zwar auf subnationaler und nationaler Ebene ebenso wie auf internationaler Ebene: Dieses Ziel besteht darin, dass alle Menschen jetzt und in Zukunft und überall auf der Welt die Möglichkeit haben sollen, ein gutes Leben zu führen. Die Frage, worin dieses gute Leben bestehen soll und wie allen Menschen die entsprechenden Möglichkeiten gewährleistet werden sollen, ist die Kernfrage Nachhaltiger Entwicklung. Drei Aspekte sind dabei besonders wichtig:

> **Im Hinblick auf nachhaltigen Konsum muss ausgehandelt werden, worin ein gutes Leben besteht – das heißt nicht, dass den Menschen eine bestimmte Lebensführung vorgeschrieben wird.**

- Erstens, dass das gute Leben hier nicht gleichbedeutend ist mit dem, was sich Menschen individuell wünschen – es geht also nicht darum sicherzustellen, dass alle Menschen ihre individuellen Wünsche befriedigen können. Es geht vielmehr darum, legitime und nicht legitime Bedürfnisse zu identifizieren und sicherzustellen, dass alle Menschen ihre legitimen Bedürfnisse befriedigen können. Wir nennen diese letzteren Bedürfnisse „objektive Bedürfnisse", und die übrigen Bedürfnisse nennen wir „subjektive Wünsche".

- Zweitens, dass objektive Bedürfnisse nicht beschränkt werden auf das körperliche Überleben und dass keine Bedürfnispyramide postuliert wird – die vielerorts gebräuchliche Ausscheidung von Grundbedürfnissen lässt sich ebenso wenig aufrechterhalten wie der Versuch, das gute Leben in Kilokalorien, Dollars und kWh zu quantifizieren. Es geht vielmehr darum, dass wir in Deutschland und auf der internationalen Ebene eine qualitativ hochwertige, inhaltsreiche und wissenschaftlich wie gesellschaftlich, national wie international tragfähige Vorstellung dessen entwickeln, worin ein gutes Leben besteht, die uns national wie international als Vision für die Entwicklung der Gesellschaft dient.
- Drittens, dass mit der Benennung objektiver Bedürfnisse keine Vorgabe für die individuelle Lebensführung verbunden ist – es kann also nicht darum gehen, Menschen einen bestimmten Lebensstil vorzuschreiben. Es geht vielmehr darum, die Bedingungen zu definieren, die alle Menschen haben sollen, um darin ihre individuelle Vorstellung eines erfüllten Lebens zu realisieren (und dazu gehört die Freiheit, von diesen Bedingungen und Möglichkeiten Gebrauch zu machen oder eben nicht).

Das übergeordnete Ziel einer Nachhaltigen Entwicklung besteht also darin, allen Menschen (auf der ganzen Welt, in Gegenwart und Zukunft) die Bedingungen zu gewährleisten, die nötig sind, um objektive Bedürfnisse befriedigen zu können und so ein individuell als sinnvoll empfundenes Leben führen zu können. Dieses Ziel beinhaltet Rechte und Pflichten gleichermaßen: Menschen haben sowohl ein ethisches Recht auf diese Bedingungen als auch die Pflicht, zur Schaffung und Erhaltung dieser Bedingungen für Dritte beizutragen. Nimmt man die Idee der Nachhaltigkeit ernst, so ist deshalb auch im Zusammenhang mit nachhaltigem Konsum von diesem übergeordneten Ziel auszuge-

Grundlagen

hen – dieses Ziel liefert das Kriterium zur Bestimmung von Nachhaltigkeit im Konsum. Es wäre wünschenswert, hier eine Liste der objektiven Bedürfnisse anführen zu können. Dies aber setzte voraus, dass eine gesellschaftlich ausgehandelte Vision des guten Lebens vorliegen würde, das allen Menschen gewährleistet werden soll – und das ist in Deutschland (wie wohl in den meisten Staaten) noch nicht der Fall.

Was heißt das alles nun für die Bestimmung von nachhaltigem Konsum?

Orientiert man sich am übergeordneten Ziel der Nachhaltigkeit, müssen aus der gesellschaftlichen Perspektive streng genommen die Wirkungen von Konsumhandlungen interessieren – wirken sich diese positiv auf dieses Ziel aus?

Aus dieser Perspektive sind Konsumhandlungen dann nachhaltig, wenn sie einen Beitrag leisten zur Erreichung dieses Ziels, das heißt, wenn sie dazu beitragen, die Bedingungen zur Befriedigung objektiver Bedürfnisse heutiger und künftiger Menschen zu schaffen oder mindestens zu erhalten. Das wiederum bedeutet, dass Konsumhandlungen nicht in erster Linie danach beurteilt

> **Konsumhandlungen sind dann nachhaltig, wenn sie darauf ausgerichtet sind, die Bedingungen für ein gutes Leben heutiger und künftiger Menschen sicherzustellen – das ist keine pauschale Aufforderung zum Verzicht.**

werden sollten, ob sie schädigend sind, das heißt, ob sie sich negativ auf diese Bedingungen auswirken, sondern danach, ob sie nachweislich förderlich sind, das heißt, ob sie sich positiv auf diese Bedingungen auswirken.

Lässt man es dabei bewenden, zählt also allein die tatsächliche Wirkung, dann ergeben sich allerdings gewisse Schwierigkeiten. Zum einen kann man so nicht angemessen mit der Tatsache umgehen, dass Menschen nicht alle direkten und indirekten Folgen ihrer Konsumhandlungen kennen können. Man würde also riskieren, dass sich bei sehr vielen Konsumhandlungen nicht sagen lässt, ob sie nachhaltig sind oder nicht.

Zum anderen würde man damit letztlich auf ein verkürztes Bild menschlichen Handelns abstellen, indem man nämlich die Überzeugung der Menschen völlig außer Acht ließe. Dies würde der Idee der Nachhaltigkeit auf einer ganz anderen Ebene nicht gerecht: Nachhaltigkeit soll ein gesamtgesellschaftliches Leitbild sein (ähnlich wie dies in Deutschland für die Idee der Freiheit oder der Gleichheit der Geschlechter gilt), das im Idealfall von allen Menschen mitgetragen wird – und das setzt voraus, dass die Menschen ‚mitgenommen werden', dass sie davon überzeugt sind. Zum dritten würden in Deutschland viele Maßnahmen zur Förderung eines nachhaltigen Konsums scheitern, wenn die Überzeugungen und Absichten der Menschen keine Beachtung fänden, da zum Beispiel die notwendigen politischen Mehrheiten nicht zustande kämen oder Maßnahmen nicht im Sinn der Sache umgesetzt würden.

Eine allein auf die Wirkung zielende Bestimmung nachhaltigen Konsums wäre also mindestens einseitig. Nun könnte man argumentieren, dass es vielleicht besser wäre, auf die Absichten zu setzen und zu sagen, Konsumhandlungen seien dann nachhaltig, wenn sie in der Absicht erfolgen, zur Schaffung oder mindestens Erhaltung der Bedingungen zur Befriedigung objektiver Bedürfnisse heutiger und künftiger Menschen beizutragen. Falls aber nur und ausschließlich die Absicht zählen würde, ergäbe dies ebenfalls eine Reihe von Schwierigkeiten: Zum ersten muss das, was Menschen tun, eine Wirkung haben, falls Nachhaltigkeit ein tatsächlich zu erreichendes Ziel sein soll und nicht nur Gegenstand schöner Reden. Zum zweiten wäre man dann ganz schnell bei einer Haltung, wonach auch kleine Schritte viel zählen, so sie denn mit der ‚richtigen Einstellung' gemacht werden. Damit ginge aber nicht nur der Blick auf die großen Züge der Entwicklung und Veränderung verloren, man würde auch zulassen, dass Menschen sich selbst und anderen etwas vormachen nach dem Motto „ich tue ja was", selbst wenn das, was getan wird, faktisch wirkungslos bleibt oder sogar unerwünschte Wirkungen hat. Schließlich und endlich wäre zu fragen, ob man zu Recht zugrunde legen darf, dass alle Menschen Absichten entwickeln würden, die nachhaltigkeitsverträglich sind, und ob man nicht sehr schnell bei der Forderung wäre, die Absichten der Menschen ‚gleichzuschalten'.

Beide Zugänge zur Bestimmung nachhaltigen Konsums, das Abstellen auf die Wirkung und das Abstellen auf die Absichten, haben also ihre Berechtigung sowie ihre Vor- und Nachteile. Sie ergänzen sich und sollten deshalb nicht gegeneinander ausgespielt werden. Vielmehr sind sie beide nötig. Deshalb schlagen wir vor, Konsumhandlungen dann als nachhaltig zu bezeichnen, wenn sie absichtsvoll darauf ausgerichtet sind, die Bedingungen zur Befriedigung objektiver Bedürfnisse heutiger und künftiger Menschen sicherzustellen und wenn sie gleichzeitig diese Wirkung nachweislich erzielen (zu diesen Bedingungen gehören selbstverständlich ebenfalls die natürlichen Lebensgrundlagen sowohl hinsichtlich Quantität als auch hinsichtlich Qualität, sie sind aber nicht darauf beschränkt). Die beiden Dimensionen Absicht und Wirkung können dabei unterschiedlich stark ausgeprägt sein, das heißt, eine Konsumhandlung kann zum Beispiel auch dann als nachhaltig bezeichnet werden, wenn die Wirkung schwach, aber die Absicht stark ist.

Nachhaltigen Konsum so zu definieren, bedeutet nun keineswegs, dass alle individuellen Handlungen in den Dienst eines ‚größeren Ganzen' zu stellen sind und dass die individuellen Entwürfe eines erfüllten Lebens keine Rolle spielen dürfen. Eine gesellschaftlich ausgehandelte Vision eines guten Lebens darf (und muss!) lediglich bestimmen, welche Bedingungen für alle Menschen gegeben sein sollen, damit sie ihre individuellen Vorstellungen eines erfüllten Lebens entwickeln und umsetzen können. In einem solchen Verständnis von nachhaltigem Konsum hat es durchaus Platz zur Realisierung subjektiver Wünsche, solange dies nicht die Möglichkeiten Dritter schmälert, ihre objektiven Bedürfnisse zu befriedigen. Eine solche Auffassung nachhaltigen Konsums ist keine pauschale Verzichtsforderung; es ist aber eine Absage an ein Wohlfahrtsverständnis, das sich allein am subjektiven Streben nach einem individuell definierten Glück und an dessen individueller Mehrung orientiert.

Wird nachhaltiger Konsum so verstanden wie von uns vorgeschlagen, wird nochmals deutlich, dass sich Nachhaltigkeit im Konsum nicht erreichen lässt, indem die Frage beantwortet wird, welche Produkte Menschen kaufen bzw. verkaufen sollen. Man muss auch die Fragen beantworten, wie und weshalb Menschen Produkte, Dienstleistungen und Infrastrukturen wählen sollen, wie und wo sie sich diese beschaffen sollen, wie sie diese nutzen und wie sie sich von ihnen trennen sollen usw. Sich auf gewisse Kriterien zu einigen, denen Produkte genügen sollen, und entsprechende Labels zu generieren, ist eine gute und hilfreiche Sache, es reicht aber nicht aus.

Schließlich geht aus einem solchen Verständnis nachhaltigen Konsums hervor, dass das Erreichen einer Nachhaltigen Entwicklung auch, aber nicht allein die Aufgabe von individuellen Konsumentinnen und Konsumenten sein kann, das heißt, Nachhaltigkeit darf nicht in die alleinige Verantwortung des Einzelnen gestellt werden. Konsumentinnen und Konsumenten sind für ihre Konsumhandlungen verantwortlich, und als Bürgerinnen und Bürger sind sie dafür mitverantwortlich, die erforderlichen Veränderungen in der Gesellschaft herbeizuführen. Sie teilen sich in diese Aufgabe aber mit anderen Akteuren auf der nationalen und internationalen Bühne.

Ist es realistisch, auf Nachhaltigkeit im Konsum hinzuarbeiten? Und darf man das überhaupt?

Als erste und sehr grundlegende Frage ist wohl die zu stellen, ob Nachhaltigkeit und nachhaltiger Konsum erreichbar scheinen oder ob es sich dabei nur um eine nette Utopie handelt. Wir sind überzeugt, dass sie erreichbar sind. Wenn man auf das schaut, was sich verändert hat, und nicht auf das, was noch im Argen liegt, dann ist eine Reihe positiver Veränderungen

> **Das Konsumhandeln von Individuen in Richtung nachhaltigen Konsum zu lenken, ist nicht nur legitim, sondern auch gefordert – das ist kein Plädoyer für eine ‚Nachhaltigkeits-Diktatur'.**

zu vermerken: Zum Beispiel hat der Anteil von Produkten und Dienstleistungen, die weniger umweltschädlich sind und mit weniger negativen sozialen Folgen einhergehen, zugenommen, das heißt, solche Produkte und Dienstleistungen sind nicht nur selbstverständlicher, sie sind auch sichtbarer als noch vor kurzer Zeit. Die Zahl der Akteure, die sich in der Gesellschaft (nicht nur in Deutschland) um Fragen nachhaltigen Konsums bemühen, steigt. Die Aufmerksamkeit gegenüber sozialen Innovationen und ‚alternativen' Konsumstilen hat zugenommen (Stichwörter dazu sind in der Literatur „Collaborative Consumption" oder „Pioniere des Wandels"). Die Frage der Verteilungsgerechtigkeit auch auf einer nationalen Skala hat einen neuen Stellenwert erhalten. Unter verschiedenen Titeln ist eine neu aufkeimende gesellschaftliche Diskussion um Lebensqualität beobachtbar (Stichwörter dazu sind etwa Arbeitszeiten, prekäre Anstellungsverhältnisse, Burn-out, Work-Life-Balance, Entschleunigung). Dies sind nur einige Beispiele für Entwicklungen, die eine Veränderung (in der Literatur auch als „Transformation" bezeichnet) in Richtung Nachhaltigkeit möglich scheinen lassen. Alles in allem ist die Akzeptanz sogar gegenüber sehr grundsätzlichen Nachhaltigkeitsüberlegungen insbesondere in Deutschland gestiegen. Dass das Ziel noch in weiter Ferne zu sein scheint, spricht nicht dagegen – auch andere ähnlich ambitionierte Ziele, zum Beispiel die Menschenrechte, waren einmal eine neue Idee, die nach und nach Fuß gefasst hat in der Gesellschaft und an der sich diese immer noch abarbeitet.

Die zweite, ebenfalls sehr grundlegende Frage ist die, ob es zulässig ist, steuernd in das Konsumhandeln von Individuen einzugreifen, um Veränderungen herbeizuführen, oder ob wir in Deutschland im Namen der Freiheit darauf angewiesen sind, solche positiven Entwicklungen abzuwarten und bestmöglich für die gute Sache zu nutzen. Wir teilen die Überzeugung Vieler, dass steuernde Eingriffe nicht nur legitim, sondern auch gefordert sind: Soll Nachhaltigkeit als gesellschaftliches Ziel ernst genommen werden, dann müssen wir in Deutschland (und international) aktiv darauf hinwirken, dass dieses Ziel erreicht wird, und dürfen nicht nur darauf hoffen, dass es sich von selbst einstellt. Die

Legitimität wie auch die Richtung steuernder Eingriffe ergeben sich aus dem Ziel einer Nachhaltigen Entwicklung und den Pflichten, die sich daraus herleiten und formulieren lassen: die Bedingungen für ein gutes Leben gewährleisten und schützend eingreifen, wenn diese Bedingungen für Menschen jetzt oder in der Zukunft bedroht sind. Steuernde Eingriffe lassen sich auch aus der Überlegung heraus rechtfertigen, dass es individuell rational erscheinen kann, die Kosten eines nachhaltigen Konsums – seien sie finanzieller Art oder zum Beispiel auch nur ein Verlust von Bequemlichkeit – nicht auf sich zu nehmen, solange man nicht überzeugt ist, dass ausreichend viele Andere ebenso handeln. Steuernde Eingriffe können eher vermeiden, dass Einzelne Trittbrett fahren. Das sollte nicht missverstanden werden als Aufruf, nun eine ‚Diktatur der Nachhaltigkeit' einzurichten – selbstverständlich dürfen Menschen nicht bevormundet werden, das heißt, individuelle Entscheidungen und Lebensentwürfe sind zu akzeptieren. Begrenzende und damit schützende Eingriffe sind auch ohne diktatorische Übergriffe möglich – und zudem nicht außergewöhnlich, sondern eine Selbstverständlichkeit in unserer Gesellschaft: Wir haben uns ja auch dafür entschieden, dass Tiere in einer bestimmten Art und Weise gehalten werden sollen, dass Kinder von den Eltern nicht geschlagen werden dürfen usw. Schließlich ist ins Feld zu führen, dass nicht nur die Taten zählen, sondern ebenso die Unterlassungen – Nicht-Eingreifen ist ebenfalls eine Intervention.

Die dritte und letzte grundlegende Frage ist die, welches Bild gesellschaftlicher Steuerung zum Tragen kommen sollte, wenn wir uns in Deutschland aufmachen, das Konsumhandeln der Menschen in Richtung nachhaltigen Konsums zu beeinflussen. Das Hinwirken auf eine Veränderung im Sinne der Nachhaltigkeit sollten wir als einen Akt der gesellschaftlichen Selbststeuerung verstehen und angehen, bei der verschiedene Akteure unterschiedliche Rollen und Verantwortlichkeiten wahrnehmen, und nicht als die Manipulation und Bevormundung unmündiger Menschen. Damit aber ist eine zentralistische Steuerung ebenso ausgeschlossen wie ein vollständiges Laissez-faire. Dieses Verständnis von gesellschaftlicher Steuerung als gesellschaftlicher Selbststeuerung setzt ein Menschenbild voraus, in dem Menschen – bei allen Unzulänglichkeiten, Beschränkungen und Zwängen – in der Lage sind, über den Tellerrand der unmittelbar eigenen Wünsche zu blicken, Verantwortung für das Ganze mitzutragen und selbstbestimmt unter Berücksichtigung des Gemeinwohls Entscheidungen zu treffen. In einem solchen Menschenbild sind Menschen insofern freie Wesen, als sie sich und ihre Lebensweise grundsätzlich selbst bestimmen und sich nicht in einem technokratischen Sinne wie Maschinen steuern lassen.

Zum Weiterlesen
Zur Vertiefung ausgewählter Themen

Für Leserinnen und Leser, die sich vertiefter mit einzelnen Themen unserer Botschaften beschäftigen möchten, haben wir hier eine Literaturauswahl zusammengestellt. Die Literaturhinweise sind nach folgenden Themen gruppiert: Geschichte des Konsums und Mythen rund um Konsum; Gutes Leben und Wachstumskritik; Gesellschaftlicher Wandel und Innovation; Lernen und Lernprozesse.

Wir haben uns auf wenige Werke zu jedem Thema beschränkt. Diese sind nach unserer Einschätzung leicht zugänglich, das heißt, sie sind auf den üblichen Wegen erhältlich und gut zu lesen. Publikationen, die nur als kostenpflichtige Downloads erhältlich sind, führen wir nicht auf. Wir beanspruchen nicht, die jeweils wichtigsten Werke aufzuzählen. Wir achteten aber darauf, dass die aufgeführten Werke das jeweilige Thema relativ umfassend angehen und nicht nur einen einzelnen Aspekt daraus unter die Lupe nehmen. Ebenfalls aufgelistet haben wir Publikationen, die genauere Auskunft geben über unseren gemeinsamen Hintergrund, also über das, was wir in unseren Syntheseaarbeiten errungen haben. Wir kommentieren jede Publikation kurz, um einen Hinweis zu geben, worum es darin hauptsächlich geht.

Geschichte des Konsums und Mythen rund um Konsum

Brand K.-W. (2008): Gesellschaftliche Makrotrends – Chancen oder Hemmnisse für einen nachhaltigen Lebens- und Konsumstil? In: Amelung N., Mayer-Scholl B., Schäfer M., Weber J. (Hrsg.): Einstieg in Nachhaltige Entwicklung. Frankfurt am Main: Peter Lang. 50–63.
Der Beitrag legt Ergebnisse der Studie „Gesellschaftliche Zukunftstrends und nachhaltiger Konsum" dar. Trends, die sich aufgrund der Studie als

prägend für Konsum erwiesen haben, werden kurz und prägnant dargestellt. Diese Trends werden daraufhin diskutiert, inwieweit sie als förderlich oder hinderlich erachtet werden mit Blick auf nachhaltigen Konsum.

König W. (2013): Kleine Geschichte der Konsumgesellschaft: Konsum als Lebensform der Moderne. 2. Auflage. Stuttgart: Steiner.
Der Autor stellt die Geschichte des Konsums im Abendland dar und äußert sich dabei auch zum Verhältnis zwischen den Phänomenen Konsum und Konsumgesellschaft sowie zu den Inhalten und Gründen der Konsumkritik. Dabei bezieht er sich nicht alleine auf Europa, sondern richtet seinen Blick insbesondere auch auf die USA. Einzelne Konsumfelder werden speziell beleuchtet.

Mont O., Heiskanen E., Power K., Kuusi H. (2013): Nordic policy brief. Improving Nordic policymaking by dispelling myths on sustainable consumption. Nordic council of ministers.
www.norden.org/en/publications/publikationer/2013-553
Die Autorinnen gehen davon aus, dass Befunde sozialwissenschaftlicher Forschung in der Politik zu nachhaltigem Konsum zu wenig berücksichtigt werden und dass diese Politik daher auf Fehlannahmen über Konsumhandeln und über nachhaltigen Konsum („Mythen") basiert. Die zehn gravierendsten Fehlannahmen werden kurz dargestellt und richtiggestellt, und es wird ausgeführt, was sich daraus für eine Politik nachhaltigen Konsums ergibt.

Rössel J., Otte G. (Hrsg.) (2011): Lebensstilforschung. Sonderheft der Kölner Zeitschrift für Soziologie und Sozialpsychologie. Sonderheft 51. Wiesbaden: VS Verlag für Sozialwissenschaften.
Wer sich informieren möchte über aktuelle Forschungsansätze und neuere Ergebnisse der soziologischen Forschung zu Lebensstilen sowie zu Lebensstilen und Konsum, ist mit diesem Buch gut bedient. Allerdings sind für Fachfremde nicht alle Beiträge leicht lesbar.

Rosenkranz D., Schneider N. (Hrsg.) (2000): Konsum. Soziologische, ökonomische und psychologische Perspektiven. Opladen: Leske + Budrich.

Die Beiträge im Sammelband beleuchten unterschiedliche Aspekte von Konsum und erschließen dazu auch jeweils weitere Literatur. Lebensstilfragen und die Frage nach Luxus kommen dabei ebenso zur Sprache wie der Zusammenhang zwischen Werten und Konsum oder das Verhältnis zwischen demografischen Veränderungen und Konsum.

Strünck Ch., Arens-Azevêdo U., Brönneke T., Hagen K., Jaquemoth M., Kenning P., Liedtke Ch., Oehler A., Schrader U., Tamm M. (2012): Ist der „mündige Verbraucher" ein Mythos? Auf dem Weg zu einer realistischen Verbraucherpolitik. Stellungnahme des Wissenschaftlichen Beirats Verbraucher- und Ernährungspolitik beim BMELV. www.bmelv.de/SharedDocs/Downloads/Ministerium/ Beiraete/Verbraucherpolitik/2012_12_MuendigerVerbraucher.html

Die Stellungnahme ist einem ‚Bild' gewidmet, das aus Sicht der Autorinnen und Autoren sehr populär und undifferenziert verbreitet ist und politische Entscheidungen beeinflusst, das Bild des „mündigen Verbrauchers". Die Autorinnen und Autoren plädieren für eine differenziertere Sichtweise und eine evidenzbasierte Verbraucherpolitik.

Gutes Leben und Wachstumskritik

Jackson T. (2011): Wohlstand ohne Wachstum: Leben und Wirtschaften in einer endlichen Welt. München: oekom. (Englische Erstausgabe 2009: Prosperity without growth)

Das Buch ist dem Verhältnis zwischen menschlichem Wohlergehen und Wachstum gewidmet. Insbesondere angesichts der Herausforderungen rund um Nachhaltige Entwicklung plädiert der Autor für ein Verständnis von Wohlstand, das nicht auf materielle Aspekte reduziert ist, und damit für eine Entkopplung von Wohlstand und Wachstum.

Paech N. (2012): Befreiung vom Überfluss. Auf dem Weg in die Postwachstumsökonomie. München: oekom.
Der Autor baut auf der Kritik am Wachstumsparadigma auf. Vor diesem Hintergrund diskutiert er Bedingungen und Möglichkeiten einer so genannten Postwachstumsökonomie. Dabei bezieht er sich auf Lösungsansätze, die heute bereits durch soziale Initiativen wie beispielsweise regionale Komplementärwährungen, Eigenproduktion, Tauschringe oder Gemeinschaftsnutzungen realisiert sind.

Schneidewind U., Zahrnt A. (2013): Damit gutes Leben einfacher wird. München: oekom.
Der Autor und die Autorin argumentieren dafür, dass eine Politik, die sich dem Ziel eines guten Lebens verpflichtet, nachhaltige Konsumstile erleichtert. Sie nennen dies eine Politik für gutes Leben und setzen diese mit einer Suffizienzpolitik gleich. Für ausgewählte Konsumfelder ist entfaltet, wie eine Suffizienzpolitik aussehen könnte. Das Buch will in erster Linie die Diskussion anstoßen.

Skidelsky R., Skidelsky E. (2013): Wie viel ist genug? – Vom Wachstumswahn zu einer Ökonomie des guten Lebens. München: Verlag Antje Kunstmann.
Die beiden Autoren, ein Ökonom und ein Philosoph, begründen eine Auswahl von Basisgütern, zu denen jeder Mensch Zugang haben sollte. Sie beschreiben diese Basisgüter und zeigen, wie es um die Versorgung damit in modernen industrialisierten Gesellschaften bestellt ist.

Gesellschaftlicher Wandel und Innovation

Beck G., Kropp C. (Hrsg.) (2012): Gesellschaft innovativ. Wer sind die Akteure? Wiesbaden: VS Verlag.
Das Buch ist der Frage gewidmet, wie jene Akteure, die gesellschaftliche Innovationen initiieren, unterstützen und umsetzen, identifiziert und ermutigt werden (können). Dabei erfolgt bewusst keine Eingrenzung

auf technische und betriebswirtschaftliche Innovationen. Das Buch erschließt ein breites Spektrum an Zugängen.

Kristof K. (2010): Wege zum Wandel. München: oekom.
Die Autorin diskutiert umfassend und anschaulich die unterschiedlichen Rollen von Akteuren und Pionieren (Change Agents) für die Phasen eines gesellschaftlichen Wandlungsprozesses. Sie zeigt auf, woran sich Change Agents aus Praxis und Wissenschaft orientieren und entwickelt daraus ein Modell für Politik, Verbände oder Nichtregierungsorganisationen.

Minsch J., Feindt P.-H., Meister H.-P., Schneidewind U., Schulz T. (1998): Institutionelle Reformen für eine Politik der Nachhaltigkeit. Berlin, Heidelberg: Springer.
Dieses Buch ist als Grundlage für die Enquete-Kommission „Schutz des Menschen und der Umwelt" des Deutschen Bundestages entstanden. Es ist eine systematische Übersicht über grundlegende Fragen und Instrumente der gesellschaftlichen Steuerung hin zu mehr Nachhaltigkeit. Der Text ist allerdings nicht leicht zu lesen.

**Rückert-John J., Jaeger-Erben M., Schäfer M., Aderhold J., John R. (2013): Soziale Innovationen für nachhaltigen Konsum – Kriterien zur Analyse und Systematisierung. Beiträge zur Sozialinnovation, Heft Nr. 11, Institut für Sozialinnovation. Berlin.
www.isinova.org/images/literatur/BzS11.pdf**
Anhand von 50 Fallbeispielen sozialer Initiativen in den Konsumfeldern Mobilität, Ernährung, Wohnen und Freizeit wird erarbeitet, anhand welcher Kriterien diese Initiativen erfasst werden können und welche grundlegenden Formen nachhaltigen Konsums sich in diesen zeigen („Modi"). Gestützt darauf wird eine Typologie sozialer Initiativen im Bereich nachhaltigen Konsums vorgelegt. Auf dieser Basis entwickeln die Autorinnen und Autoren Vorschläge für (umwelt-)politische Förderstrategien.

WBGU (2011): Welt im Wandel: Gesellschaftsvertrag für eine große Transformation. Berlin.
Das Gutachten wurde im Vorfeld der UNO-Konferenz über Nachhaltige Entwicklung 2012 (Rio+20) erstellt. Es plädiert dafür, eine Änderung hin zu einer klimaverträglichen Gesellschaft nicht erst als Reaktion auf Krisen und Katastrophen anzugehen, sondern einen „umfassenden Umbau aus Einsicht, Umsicht und Voraussicht" voranzutreiben. Es postuliert einen Gesellschaftsvertrag, der eine Kultur der Achtsamkeit (ökologische Verantwortung), der Teilhabe (demokratische Verantwortung) sowie der Verpflichtung gegenüber zukünftigen Generationen (Zukunftsverantwortung) kombiniert.

Lernen und Lernprozesse

De Haan G., Kamp G., Lerch A., Martignon L., Müller-Christ G., Nutzinger H.G. (2008): Nachhaltigkeit und Gerechtigkeit. Grundlagen und schulpraktische Konsequenzen. Berlin, Heidelberg: Springer.
Thema ist die Frage, wie schulische Bildung für eine Nachhaltige Entwicklung konzipiert sein sollte. Das Buch bietet einen grundlegenden und fundierten Einstieg in diese Frage. Es ist Ergebnis einer zweijährigen Studie, die eine interdisziplinäre Forschergruppe erarbeitet hat. Systematisch werden die Herausforderungen Nachhaltiger Entwicklung, zentrale Begriffe und praktische Konsequenzen für die Kompetenzen, die zu fördern sind, geklärt.

Michelsen G., Siebert H., Lilje J. (2011): Nachhaltigkeit lernen. Ein Lesebuch. Bad Homburg: Verlag für Akademische Schriften.
Dieses Buch bietet einen Einstieg in die Diskussion um das Leitbild der Nachhaltigkeit und zeigt von dort ausgehend den Zusammenhang zur Bildung auf. Dabei werden Lehr- und Lernmethoden, Lernstile sowie Themenfelder und Inhalte unter der Leitfrage diskutiert, wie ein Lernen über und für Nachhaltigkeit möglich ist.

Wals A. E. J. (ed.) (2007): Social learning towards a sustainable world. Principles, perspectives, and praxis. Wageningen: Wageningen Academic Publishers. www.wageningenacademic.com/_clientFiles/ download/sociallearning-e.pdf

Der Band vereint eine große Zahl Beiträge, die sich mit verschiedenen Aspekten von gesellschaftlichem und sozialem Lernen für eine Nachhaltige Entwicklung befassen. Ein weiteres Thema, das aus verschiedenen Perspektiven beleuchtet wird, ist die Rolle der Zivilgesellschaft in Aushandlungsprozessen rund um Nachhaltigkeit. Das Buch enthält sowohl theoretisch als auch praktisch ausgerichtete Beiträge und erschließt einen breiten Diskurs.

Michelsen G., Bittner A., Rode H., Wendler M. (2013): Außerschulische Bildung für nachhaltige Entwicklung. Methoden Praxis Perspektiven. München: oekom.

Das Buch stellt die Ergebnisse einer Befragung außerschulischer Akteure im Auftrag der Deutschen Bundesstiftung Umwelt (DBU) vor. In der Studie wurde untersucht, inwieweit Bildung für Nachhaltige Entwicklung bei außerschulischen Bildungsanbietern Fuß gefasst hat. Die Studie schließt an die erste bundesweite Untersuchung von Umweltbildung in Deutschland an und bietet einen Überblick über Entwicklungen in Forschung und Praxis auf diesem Gebiet seit der Jahrtausendwende.

Ergebnisse unserer Synthesearbeiten

Alle nachstehenden Beiträge stehen in: Defila R., Di Giulio A., Kaufmann-Hayoz R. (Hrsg.) (2011): Wesen und Wege nachhaltigen Konsums. Ergebnisse aus dem Themenschwerpunkt „Vom Wissen zum Handeln – Neue Wege zum nachhaltigen Konsum". München: oekom.

Di Giulio A., Brohmann B., Clausen J., Defila R., Fuchs D., Kaufmann-Hayoz R., Koch A.: Bedürfnisse und Konsum – ein Begriffssystem und dessen Bedeutung im Kontext von Nachhaltigkeit. 47–71.

In diesem Kapitel des Sammelbands werden wesentliche Grundlagen für die Korridor-Botschaft dargelegt. Insbesondere begründen wir darin unsere Unterscheidung objektiver Bedürfnisse und subjektiver Wünsche und legen dar, wie wir die theoretischen Beziehungen zwischen Konsum, einem guten Leben, menschlichen Bedürfnissen und der Natur sehen.

Fischer D., Michelsen G., Blättel-Mink B., Di Giulio A.: Nachhaltiger Konsum: Wie lässt sich Nachhaltigkeit im Konsum beurteilen? 73–88.

Was wir unter Nachhaltigkeit im Konsum verstehen und wie wir unseren Ansatz begründen, geht aus diesem Kapitel des Sammelbands hervor. Insbesondere legen wir dar, weshalb wir zum Schluss gekommen sind, dass weder ein wirkungsorientierter Ansatz alleine noch ein absichtsorientierter Ansatz alleine dazu geeignet sind, Nachhaltigkeit im Konsum festzustellen.

Kaufmann-Hayoz R., Bamberg S., Defila R., Dehmel Ch., Di Giulio A., Jaeger-Erben M., Matthies E., Sunderer G., Zundel S.: Theoretische Perspektiven auf Konsumhandeln – Versuch einer Theorieordnung. 89–123.

Unsere Vorschläge, wie Konsumhandlungen beschrieben werden sollten, damit die Komplexität dieser Handlungen angemessen erfasst wird, entfalten und begründen wir in diesem Kapitel des Sammelbands. Diese Überlegungen dienen uns speziell auch dazu, Handlungstheorien einzuordnen, damit der spezifische Fokus sowie die Stärken und Schwächen solcher Theorien dargestellt und eingeschätzt werden können.

Kaufmann-Hayoz R., Brohmann B., Defila R., Di Giulio A., Dunkelberg E., Erdmann L., Fuchs D., Gölz S., Homburg A., Matthies E., Nachreiner M., Tews K., Weiß J.: Gesellschaftliche Steuerung des Konsums in Richtung Nachhaltigkeit. 125–156.
Dieses Kapitel des Sammelbands ist der Frage gewidmet, wie sich nachhaltiger Konsum herbeiführen lässt. Darin begründen wir unser Steuerungsverständnis und legen dar, welche Ergebnisse zur Frage der Steuerung unsere Forschung erbracht hat. Dabei beziehen wir uns auf die klassischen Einteilungen von Politikinstrumenten im Kontext von Umwelt- und Nachhaltigkeitspolitik.

Der Kontext
Unser Weg zu den Botschaften

Der Themenschwerpunkt „Vom Wissen zum Handeln – Neue Wege zum nachhaltigen Konsum"

Das BMBF fördert den Themenschwerpunkt „Vom Wissen zum Handeln – Neue Wege zum nachhaltigen Konsum" im Rahmen der Sozialökologischen Forschung (SÖF) seit 2008, die letzten Syntheseprodukte werden 2014 vorliegen. Die Forschung in diesem Themenschwerpunkt, die sowohl in den einzelnen Projekten als auch im Rahmen gemeinsamer Synthesearbeiten über fünf Jahre hinweg stattfand, bildet die Basis für die Formulierung unserer Botschaften.

Konsum ist ein außerordentlich vielschichtiges gesellschaftliches Phänomen. Er spielt für die nationale und internationale wirtschaftliche Entwicklung eine zentrale Rolle, weist sozio-kulturelle und ethisch-moralische Aspekte auf und hat Auswirkungen auf den Zustand der Natur. Menschen treffen täglich Konsumentscheidungen und führen gewohnheitsmäßig Konsumhandlungen durch. Dass diese mit einer Nachhaltigen Entwicklung vereinbar sein sollen, ist eine Forderung, die in Politik und Zivilgesellschaft von vielen Kreisen getragen wird. Die mit dem Konsumhandeln verbundenen wirtschaftlichen, umweltbezogenen, sozialen und kulturellen Zusammenhänge sind aber so vielfältig und komplex, dass der Einsicht in die Notwendigkeit von Veränderungen des Konsumhandelns nicht ohne Weiteres ein entsprechendes individuelles und kollektives Handeln folgt.

An dieser Stelle setzt der Themenschwerpunkt an. Im Schwerpunkt wurden im Rahmen von zehn Forschungsverbünden mit insgesamt 28 Teilvorhaben und einem Begleitforschungsprojekt verschiedene Aspekte nachhaltigen Konsums bearbeitet. Der Fokus lag dabei immer auf der Frage, wie sich nachhaltiger Konsum fördern lässt. Inhaltlich decken die zehn Verbünde ein breites Spektrum von Konsumhandlungen ab: bewusst getroffene Entscheidungen ebenso wie Alltagsroutinen, Analyse und Rekonstruktion sozialer Bedeutungen des Konsumhandelns ebenso wie konkrete veränderungsanregende Interventionen, Untersuchungen von Design und Wirkung politischer Steuerungsinstrumente ebenso wie Fragen der Vermittlung von Bewusstsein und Kompetenz für nachhaltiges Konsumhandeln (eine kurze Beschreibung der einzelnen Verbünde findet sich im Kapitel „Die Forschungsverbünde").

Mehrere Verbünde im Themenschwerpunkt beschäftigten sich mit Themen rund um Energieverbrauch (Change, ENEF-Haus, Intelliekon, Seco@home, Transpose, Wärmeenergie). In den Blick genommen wurden hier sowohl Alltagsroutinen als auch die Wahl von Haushaltsgeräten und Entscheidungen für die Sanierung von Eigenheimen. Bedingungen des Handelns, die nachhaltigen Konsum fördern oder hemmen, wurden aus psychologischen, soziologischen, ökonomischen und politikwissenschaftlichen Perspektiven analysiert, unterschiedliche Möglichkeiten der steuernden Einflussnahme in diesen Konsumfeldern wurden ausgelotet und, in Zusammenarbeit mit Natur- und Ingenieurwissenschaften, Effekte und Potenziale solcher Interventionen abgeschätzt.

Ein zweites Hauptthema im Themenschwerpunkt ließe sich unter das Stichwort „Innovationen" stellen (Consumer/Prosumer, Nutzerintegration, BINK, LifeEvents): Online-Gebrauchtwarenhandel, Beteiligung von Nutzerinnen und Nutzern an der Produktentwicklung, Innovationen in Bildungsinstitutionen und die bessere Orientierung von Kommunikationsmaßnahmen an den Lebensrealitäten der Zielgruppen sind hier Themen, die ebenfalls aus der Perspektive verschiedenster Disziplinen und in enger Zusammenarbeit mit Praxispartnern untersucht wurden.

Das BMBF erwartete über die Ergebnisse der einzelnen Verbünde hinaus auch eine Gesamtsynthese sowie die Vernetzung der Projekte, und es bestand der Wunsch, den nationalen und internationalen Erfahrungsaustausch und die Wirkung der Forschung in zentrale gesellschaftliche Handlungs- und Politikbereiche zu fördern. Die zehn thematischen Verbünde wurden deshalb um ein Begleitforschungsprojekt ergänzt. Diese Begleitforschung, die über die Laufzeit der Verbünde hinaus aktiv ist, wurde mit der Aufgabe betraut, die Synthesebildung im Themenschwerpunkt anzuregen und die Diffusion der Ergebnisse in Wissenschaft und Gesellschaft zu unterstützen.

Insgesamt hat sich im Themenschwerpunkt klar bestätigt, dass es für die Forschung zu nachhaltigem Konsum nicht sinnvoll ist, den Blick auf den Kauf bestimmter Produkte einzuengen. Sinnvoll ist es vielmehr, unter Konsumhandeln Akte der Wahl, des Erwerbs, der Nutzung bzw. des Verbrauchs und der Entsorgung oder Weitergabe von Konsumgütern (Produkten, Dienstleistungen, Infrastrukturen) zu verstehen. Ebenso hat sich bestätigt, dass die Frage, was nachhaltiger Konsum genau ist und wie er gefördert werden kann, differenziert zu beantworten ist – einfache Antworten wären zwar vielleicht auf den ersten Blick bequem, würden sich bei genauerem Hinsehen jedoch als wenig zielführend erweisen. Eine ausführlichere Darstellung übergreifender Erkenntnisse und Einsichten findet sich im Kapitel „Grundlagen".

Die Arbeit im Themenschwerpunkt hat sowohl auf der Ebene der Verbünde als auch auf der Ebene des Themenschwerpunkts als Ganzem viele Ergebnisse und Produkte hervorgebracht, die umgesetzt werden können. Hinweise darauf, wo die Produkte der Verbünde zur Verfügung stehen und die Ergebnisse nachgelesen werden können, finden sich im übernächsten Kapitel. Die gemeinsam entwickelten Syntheseergebnisse wurden (zusammen mit ausgewählten Ergebnissen aus den Verbünden) in einem ersten Schritt in einem Sammelband für ein wissenschaftliches Publikum veröffentlicht (2011 in Deutsch und 2012 in Englisch). Der internationalen wissenschaftlichen Diskussion diente auch eine Konferenz zu nachhaltigem Konsum (die SuCo11), die im November 2011 in Hamburg stattfand. In einem zweiten Schritt wurde eine Synthese der Ergebnisse für politische und zivilgesellschaftliche Akteure in Form der „Konsum-Botschaften" erarbeitet. Diese wurden im Entwurf an einer Fachtagung im November 2012 in Berlin zur Diskussion gestellt und werden nun in diesem Buch veröffentlicht. Natürlich konnten im Themenschwerpunkt nur ausgewählte Themen und Fragen rund um nachhaltigen Konsum bearbeitet werden, und auch die aufgegriffenen Themen konnten nicht abschließend untersucht werden – neben einer Fülle von Ergebnissen haben die Arbeiten und Diskussionen im Themenschwerpunkt auch zu neuen Fragen geführt, die in künftigen Forschungsprojekten aufgegriffen werden sollten.

Zur Entstehung der Botschaften

Wie war der Syntheseprozess gestaltet?

Die Ergebnisse aus dem Themenschwerpunkt Nachhaltiger Konsum sollen, das war der erklärte Wunsch des BMBF, zu einer Synthese zusammengeführt werden. Zudem sollen sie in gesellschaftliche Handlungs- und Politikbereiche Eingang finden und so den Wandel hin zu einem nachhaltigen Konsum unterstützen. Beides geschieht nicht von alleine, schon gar nicht in einem Forschungsprogramm, das so breit inter- und transdisziplinär aufgestellt ist wie der Themenschwerpunkt und in dem so heterogene Themen behandelt werden. Vielmehr erfordert dies eine spezielle Begleitung. Es war die Aufgabe der Begleitforschung, verbundübergreifendes praxisfähiges Orientierungs- und Handlungswissen zu erzeugen und die thematischen Verbünde im Hinblick auf Synergien und Handlungsrelevanz zu unterstützen. Der Begleitforschung standen unter anderem Mittel für insgesamt vier größere ‚Gefäße' zur Verfügung (zwei Tagungen und zwei Bücher), deren Inhalt und genaue Form zusammen mit den Verbünden definiert werden konnten.

Entsprechend ihren Aufgaben arbeitete die Begleitforschung darauf hin, dass innerhalb des Themenschwerpunkts eine Diskussion stattfand über verbundübergreifende Ergebnisse und über die Handlungsrelevanz dieser Ergebnisse. Diese Diskussionen fanden in der ersten Phase der Synthesearbeit zum größten Teil im Rahmen von Treffen statt, an denen die Forschenden aller Verbünde teilnahmen und bei denen intensiv inhaltlich gearbeitet wurde. Die Synthesetreffen erstreckten sich

Der Kontext

über eine Dauer von zwei Jahren und fanden ihren Abschluss mit der SuCo11 in Hamburg und dem Erscheinen des Sammelbandes für ein wissenschaftliches Zielpublikum 2011/12.

Die Idee, Konsum-Botschaften zu formulieren, kam im Rahmen eines solchen Synthesetreffens Ende 2010 auf: Eine Forscherin regte im Vorfeld des Treffens an, die Syntheseergebnisse auf einer Tagung umfassend zu präsentieren, denn „schließlich haben wir als Themenschwerpunkt der Welt ja etwas mitzuteilen". Diese Idee setzte sich fest und entwickelte sich weiter. Eine erste Sammlung möglicher Botschaften, die aus der Forschung und der gemeinsamen Auseinandersetzung im Themenschwerpunkt hervorgehen könnten, fand an jenem Treffen im November 2010 statt: Alle Teilnehmerinnen und Teilnehmer notierten auf einem großen Streifen Papier ihre Antwort auf die Frage „Welche (begründeten) Botschaften können wir als Themenschwerpunkt den für nachhaltigen Konsum relevanten politischen und zivilgesellschaftlichen Akteuren kommunizieren?" Eine nächste Auseinandersetzung mit den Konsum-Botschaften fand ein gutes halbes Jahr später statt, als sich ein großer Teil der Forschenden im Juni 2011 erneut traf, um die Texte des Sammelbandes zu diskutieren und die inhaltliche Struktur der Tagung SuCo11 zu beschließen. Bei diesem Treffen wurden die Vorschläge aus der ersten Sammlung gesichtet und erste ‚Kerne' möglicher gemeinsamer Botschaften wurden identifiziert.

In den darauffolgenden Monaten standen die gemeinsame Arbeit am Sammelband und die gemeinsame Vorbereitung der SuCo11 im Vordergrund, die auch mit vertieften Diskussionen der Frage nach verbundübergreifenden Ansätzen und Erkenntnissen einhergingen. Nach der SuCo11 begann mit einem erneuten Synthesetreffen die zweite Phase der Synthesearbeit. An dieser wirkten Leiterinnen und Leiter der Verbünde, besonders interessierte Forscherinnen und Forscher aus den Verbünden sowie die Leitung der Begleitforschung mit. Diese gegenüber der ersten Phase deutlich kleinere Gruppe bildete das Syntheseteam, das die vorliegenden Konsum-Botschaften erarbeitete und dieses Buch verfasste.

Wir trafen uns im Mai 2012 für eine intensive Arbeit an den Konsum-Botschaften. Zum Ersten diskutierten wir, was unserer Einschätzung nach den Diskurs zu nachhaltigem Konsum in Deutschland prägt und worauf wir mit den Ergebnissen aus den Verbünden und den bis dahin erarbeiteten Syntheseergebnissen reagieren. Aus dieser Diskussion entstand die Idee, für jede Botschaft einen Mythos zu formulieren, auf den die Botschaft mit einem Gegenentwurf antwortet. Zum Zweiten sichteten und ergänzten wir gestützt auf diese Diskussionen noch einmal die vorliegenden Vorschläge für gemeinsame Botschaften. Daraus ging eine konsolidierte Sammlung möglicher Botschaften hervor, die auch erste Ideen für sinnvolle Empfehlungen an politische und zivilgesellschaftliche Akteure enthielt. Zum Dritten legten wir fest, wie wir bei der Weiterentwicklung der Botschaften zusammenarbeiten wollten – es musste die Herausforderung gemeistert werden, in einer Gruppe von 16 in ganz Deutschland und der Schweiz verteilten Expertinnen und Experten aus verschiedenen Disziplinen ein von allen getragenes Buch zu schreiben. Bei diesem Treffen im Mai 2012 beschlossen wir auch definitiv, unsere Botschaften bereits im Entwurf mit dem Personenkreis zu diskutieren, an den sie sich richten. Wir waren uns sicher, dass wir einen solchen transdisziplinären Dialog ganz besonders brauchen würden, um gute Empfehlungen zu formulieren.

Im Sommer 2012 erfolgte das ‚Eindampfen' der möglichen Botschaften von kurzzeitig fast 30 auf deren acht. Für jede Botschaft war eine Person oder eine kleine Gruppe federführend zuständig, und mindestens eine weitere Person war der Botschaft als primäre Unterstützung zugeordnet. In mehreren Schlaufen entstanden im Lauf des Sommers und Herbstes die Entwürfe, die wir auf einer Fachtagung zur Diskussion stellen wollten. Immer mindestens zwei Personen aus dem Team kommentierten jede Fassung eines Textes als kritische Leserinnen und Leser, und ihre Kommentare wurden allen Autoren und Autorinnen zur Verfügung gestellt. Eine Teilgruppe hatte speziell darauf zu achten, dass sich im Zuge der Textverfassung keine Widersprüche und keine unnötigen Wiederholungen einschlichen und dass die Texte in Stil und Umfang vergleichbar ausfielen. Im November 2012 lag ein Entwurf der Botschaften vor, der in Berlin im Rahmen der Fachtagung „Konsum und Nachhaltigkeit – Botschaften für Politik und Praxis" diskutiert werden konnte.

An dieser Fachtagung nahmen rund 70 Personen aus Politik und Verwaltung, Wirtschaft sowie zivilgesellschaftlichen Organisationen teil. Die Teilnahme war nur auf Einladung hin möglich. Unser Ziel war es, jene Akteure zu erreichen, die in Deutschland für den Bereich nachhaltigen Konsums bedeutsam sind und von denen erwartet werden kann, dass sie bei ihren Tätigkeiten und Beschlüssen einschlägige Ergebnisse der Forschung berücksichtigen. Um eine möglichst ausgewogene Vertretung der verschiedenen Akteure zu erzielen, erstellten wir ein so genanntes „Policy-Making Wheel". Darin werden die Akteure je nach ihrem Einfluss auf die Politikgestaltung im Zentrum („Policy Centre") oder in einem inneren bzw. einem äußeren Kreis („Primary Influencers" bzw. „Secondary Influencers") angeordnet. (Mehr zu diesem Ansatz findet sich in Roberts L. (2011): Engaging with policy-makers: influencing sustainability policy through academic research. In: Franklin A., Blyton P.: Researching sustainability: a guide to social science methods, practice, and engagement. London, New York: Earthscan. 242–259.)

Für die Diskussion an der Fachtagung selbst setzten wir eine Methode ein, die wir eigens hierfür entwickelten (das „Victorian Calling") und die darauf ausgerichtet war, möglichst viel Zeit für die intensive Diskussion in kleinen Gruppen zu haben. Auf die mündliche Präsentation der Botschaften wurde verzichtet, die Teilnehmenden erhielten aber etwa eine Woche vor der Tagung eine schriftliche Diskussionsgrundlage (die Botschafts-Entwürfe und einen kurzen Grundlagentext). Zu jeder Botschaft fanden vier einstündige Diskussionsrunden statt, die wir jeweils zu zweit moderierten. Die Diskussionen wurden mittels Audioaufnahmen sowie durch Protokollantinnen und Protokollanten festgehalten. Nach der Fachtagung erstellten diese, gestützt auf ihre Notizen und die Audioaufnahmen, ausführliche Protokolle der insgesamt 32 Diskussionsstunden.

Nach der Fachtagung überarbeiteten wir die Botschaften, wobei die Protokolle der Fachtagung eine wichtige Grundlage darstellten. Dies mündete in eine zweite Fassung der Botschaften, die wir während eines Treffens des Syntheseteams im Mai 2013 intensiv diskutierten – es war das zweite Treffen der ganzen Gruppe der Autorinnen und Autoren. Zur Vorbereitung des Treffens überprüften alle von uns die Botschaften mit einem jeweils anderen Fokus (jemand prüfte alle Mythen, jemand prüfte Stil und Sprache, jemand prüfte die Beispiele über alle Botschaften hinweg, jemand prüfte intensiv die Argumentation einer einzigen Botschaft usw.). Bei diesem Treffen ging es uns darum, die Verständlichkeit der Botschaften sicherzustellen sowie die Argumentationslinie und die Empfehlungen zu schärfen. Die Ergebnisse dieser Diskussionen bildeten die Basis für die Erstellung der definitiven Fassung der Botschaften.

Bei diesem zweiten und letzten Treffen des Syntheseteams kristallisierte sich heraus, dass die gemeinsame Arbeit der vergangenen Jahre zu gewissen zentralen Einsichten geführt hatte, die sich in unseren Diskussionen immer wieder bestätigten und die wir als Team teilen. Diese betreffen das Verständnis nachhaltigen Konsums, grundlegende Eigenschaften des Menschen und den Weg zu nachhaltigem Konsum. Sie bilden gewissermaßen die ‚Storyline' der Botschaften und somit ihren inneren Zusammenhang. Als uns klar wurde, wie wichtig uns diese zentralen Einsichten sind, beschlossen wir, diese in der Einführung zu den Botschaften auch zu benennen.

Was haben wir aus dem Prozess gelernt?

Was wir aus unserem eigenen Prozess mitnehmen und empfehlen können, lässt sich in drei Punkte fassen:

- *Aushandlungen mit gehaltvollen Ergebnissen sind möglich:* Es ist möglich, sehr unterschiedliche Ansätze, Denkweisen und Standpunkte so zusammenzuführen, dass eine geteilte Sichtweise und Position entsteht, die aus mehr Perspektiven geprüft ist und mehr Aspekte berücksichtigt als die einzelnen Ansätze. Dies gilt nicht nur im interdisziplinären Dialog zwischen Personen aus verschiedenen Disziplinen, sondern auch im transdisziplinären Dialog mit Akteuren aus der Praxis. Bedingung dafür ist, dass man sich die dafür nötige Zeit gibt, dass auf die methodische Qualität der Prozessgestaltung geachtet wird und dass die gegenseitige Akzeptanz und Wertschätzung vorhanden ist. Wir sind deshalb überzeugt, dass diejenigen Empfehlungen in diesem Buch, die sich auf dialogische Prozesse beziehen, nicht nur realisierbar sind, sondern auch ein großes Potenzial zur gesellschaftlichen Einigung auf Eckpunkte eines nachhaltigen Konsums und zu dessen Verwirklichung aufweisen.

- *Treffen, Tagungen und Ähnliches lassen sich als Rahmen für die gemeinsame Arbeit nicht ersetzen:* Die gemeinsamen Treffen haben sich für unsere Synthesearbeit als zentral erwiesen. Sie dienten aber nicht lediglich dazu, uns gegenseitig Forschungsergebnisse vorzustellen. Vielmehr haben wir bei diesen Treffen, auch in einem größeren Kreis von Personen, viel und intensiv zusammen gearbeitet, und diese Arbeit wurde methodisch und inhaltlich vor- und nachbereitet. Dasselbe gilt für die Fachtagung, die der Diskussion mit Akteuren aus der Praxis diente. Auch hier ging es nicht darum, dass wir Forschungsergebnisse präsentierten und die Teilnehmenden diese kommentieren konnten. Vielmehr wurde während der Tagung gemeinsam gearbeitet, und dies wurde intensiv vor- und nachbereitet. Ein wesentliches Element solcher Treffen besteht darin, dass sich die Menschen auch als Personen kennenlernen und unterschiedliche Ansichten im direkten Gespräch ausdiskutieren können. Wir sind deshalb überzeugt, dass sich physische Treffen nicht ersetzen lassen durch schriftliche oder elektronische Verfahren der Konsensfindung – sie bieten einen Mehrwert, vorausgesetzt, sie sind keine Einwegkommunikation, gehen über unverbindliche Gespräche hinaus und werden als Arbeitsinstrument ernst genommen.
- *Förderbedingungen sind wesentlich für das Entstehen von Syntheseergebnissen:* Die Ergebnisse und Produkte, die aus der Synthese der

Forschung im Themenschwerpunkt entstanden, wären nicht möglich gewesen ohne die entsprechenden Rahmenbedingungen seitens des Fördergebers. Als Bedingung der Möglichkeit haben sich folgende Punkte erwiesen: eine Begleitforschung mit einem Syntheseauftrag, die für die Gestaltung der Prozesse zuständig ist und selbst inhaltliche Beiträge dazu leisten kann, da dies die Voraussetzung dafür darstellt, dass die entsprechenden Prozesse methodisch und inhaltlich die nötige Aufmerksamkeit erhalten. Eine Begleitforschung, die später endet als die Forschung in den Verbünden, da dies ermöglicht, die Ergebnisse auch nach dem Abschluss der Forschungsarbeiten weiter zu verarbeiten und zu verdichten. Ein finanzieller Spielraum zur Realisierung gemeinsamer Prozesse und Produkte, der es unter anderem erlaubt, besondere Leistungen der Verbünde und einzelner Personen für die Synthese mindestens symbolisch zu entschädigen (und zwar auch über die Laufzeit der Verbünde hinaus). Eine hinreichend große Freiheit, was die genaue Form von Syntheseprodukten betrifft, damit diese im Zuge der Arbeit gemeinsam so gestaltet werden können, dass sie bestmöglich dem Inhalt und dem ins Auge gefassten Zielpublikum entsprechen. Wir sind überzeugt, dass sich die Investition in solche begleitende Maßnahmen auszahlt, indem sie gemeinsame transdisziplinäre Ergebnisse überhaupt erst entstehen lässt und die Sichtbarkeit und Rezeption der Forschung auch in der Gesellschaft – und damit ihre Wirkung – erhöht.

Die Forschungsverbünde

Im Themenschwerpunkt Nachhaltiger Konsum förderte das BMBF die in der folgenden Liste aufgeführten zehn thematischen Verbünde sowie ein Begleitforschungsprojekt (www.fona.de/de/9876). Anschließend an die Liste finden sich Kurzporträts der Verbünde und der Begleitforschung.

BINK	Beitrag von Bildungsinstitutionen zur Förderung nachhaltigen Konsums bei Jugendlichen und jungen Erwachsenen
Change	Veränderung nachhaltigkeitsrelevanter Routinen in Organisationen
Consumer/Prosumer	Vom Consumer zum Prosumer – Potenziale für nachhaltigen Konsum durch den Wandel der Konsumentenrolle in der Internetökonomie
ENEF-Haus	Energieeffiziente Modernisierung im Gebäudebestand bei Ein- und Zweifamilienhäusern – Aktivierung und Kompetenzstärkung von Eigenheimbesitzern
Intelliekon	Nachhaltiger Energiekonsum von Haushalten durch intelligente Zähler-, Kommunikations- und Tarifsysteme
LifeEvents	Lebensereignisse als Gelegenheitsfenster für eine Umstellung auf nachhaltige Konsummuster
Nutzerintegration	Förderung Nachhaltigen Konsums durch Nutzerintegration in Nachhaltigkeits-Innovationen
Seco@home	Soziale, ökologische und ökonomische Dimensionen eines nachhaltigen Energiekonsums in Wohngebäuden
Transpose	TRANSfer von POlitikinstrumenten zur Strom-Einsparung
Wärmeenergie	Energie nachhaltig konsumieren – nachhaltige Energie konsumieren. Wärmeenergie im Spannungsfeld von sozialen Bestimmungsfaktoren, ökonomischen Bedingungen und ökologischem Bewusstsein
SÖF-Konsum-BF	Begleitforschung „Wissen bündeln – Wollen stärken – Können erleichtern"

„BINK": Beitrag von Bildungsinstitutionen zur Förderung nachhaltigen Konsums bei Jugendlichen und jungen Erwachsenen

Wie können Bildungseinrichtungen zu Orten werden, an denen nachhaltiger Konsum erlernt und aktiv gestaltet werden kann? In BINK erprobten die Forschenden gemeinsam mit Praktikern und Praktikerinnen aus sechs Bildungseinrichtungen über drei Jahre lang neue Wege, wie sich die Organisationskultur einer Bildungseinrichtung in Richtung Nachhaltigkeit verändern und nachhaltiges Konsumverhalten bei Jugendlichen und jungen Erwachsenen unterstützen lässt.

www.konsumkultur.de

Verbundleitung/-koordination

Prof. Dr. Gerd Michelsen, Leuphana Universität Lüneburg, Institut für Umweltkommunikation (INFU)

Beteiligte Forschungspartner

Leuphana Universität Lüneburg, Institut für Umweltkommunikation (INFU): Prof. Dr. Gerd Michelsen; Dr. habil. Maik Adomßent; Prof. Dr. Matthias Barth; Daniel Fischer, M.A.; Claudia Nemnich, 1. Staatsex. Lehramt GHS; Sonja Richter, Dipl.-Päd.; Prof. Dr. Marco Rieckmann; Dr. Horst Rode

Deutsches Jugendinstitut e. V. (DJI), München: Prof. a. V. Dr. habil. Claus J. Tully; Wolfgang Krug, Dipl.-Soz.

Humboldt-Universität zu Berlin, Hans-Saurer-Professur für Metropolen- und Innovationsforschung: Prof. Dr. Harald A. Mieg; Jana Werg, Dipl.-Psych.; Judith Bauer, Dipl.-Psych.

Hochschule Fresenius, Idstein: Prof. Dr. Andreas Homburg; Malte Nachreiner, Dipl.-Psych.

Praxispartner

Gymnasium Grootmoor; IES Bad Oldesloe (vormals: IGS Bad Oldesloe); BBS Friedenstraße, Wilhelmshaven; BBS Osnabrück-Haste; Hochschule Bremen; Leuphana Universität Lüneburg

Produkte, die in der Praxis unmittelbar genutzt werden können

- Nemnich C., Fischer, D. (Hrsg.) (2011): Bildung für nachhaltigen Konsum: ein Praxisbuch. Bad Homburg: VAS Verlag für Akademische Schriften.

In dem Band sind Beiträge von Praktikerinnen und Praktikern aus Bildungseinrichtungen versammelt, die in verschiedenen Bereichen und Handlungsfeldern Veränderungsprojekte geplant und durchgeführt haben – von der Lehre über die Gestaltung von Räumen und Geländen bis hin zu Kooperationsprojekten mit gesellschaftlichen Akteuren. Die Beispiele zeigen die Bandbreite von Möglichkeiten auf, Fragen nachhaltigen Konsums in Bildungsangeboten zu thematisieren.

- Michelsen G., Nemnich C. (Hrsg.) (2011): Handreichung Bildungsinstitutionen und nachhaltiger Konsum. Nachhaltigen Konsum fördern und Schulen verändern. Bad Homburg: VAS Verlag für Akademische Schriften.

Wie lassen sich Bildungseinrichtungen erfolgreich im Sinne der Nachhaltigkeit verändern? Die Handreichung enthält ein Schritt-für-Schritt-Vorgehen, das auf den Erkenntnissen aus dem BINK-Projekt basiert und Praxisakteure durch die Vorbereitung, Durchführung und Evaluation von Veränderungsprozessen führt. Der Handreichung beigelegt ist ein ca. 20-minütiger Film, der zentrale Projektschritte und -ergebnisse dokumentiert und Lust auf die Veränderung in Richtung einer nachhaltigen Bildungseinrichtung machen will.

Empfehlungen

Die im Rahmen von BINK erarbeiteten Ergebnisse führten zu konkreten Empfehlungen, die sich an Bildungswissenschaftler, Bildungspolitikerinnen sowie an Praktikerinnen und Praktiker im Bereich Bildung richten. Diese finden sich in Form von zehn Thesen im Schlusskapitel des unten aufgeführten Buches von Michelsen und Fischer 2013 (vollständige Angabe siehe unten).

Zentrale Publikationen

Barth M., Fischer D., Michelsen G., Nemnich C., Rode H. (2012): Tackling the knowledge-action gap in sustainable consumption: insights from a participatory school programme. In: Journal of Education for Sustainable Development 6 (2), 135–146.

Barth M., Fischer D., Michelsen G., Rode H. (2011): Bildungsorganisationale Konsumkultur als Kontext jugendlichen Konsumlernens. In: Defila R., Di Giulio A., Kaufmann-Hayoz R. (Hrsg.): Wesen und Wege nachhaltigen Konsums. Ergebnisse aus dem Themenschwerpunkt „Vom Wissen zum Handeln – Neue Wege zum nachhaltigen Konsum". München: oekom. 247–263.

Michelsen G., Fischer D. (Hrsg.) (2013): Nachhaltig konsumieren lernen. Ergebnisse aus dem Projekt BINK („Bildungsinstitutionen und nachhaltiger Konsum"). Bad Homburg: VAS Verlag für Akademische Schriften.

„Change": Veränderung nachhaltigkeitsrelevanter Routinen in Organisationen

Wie können öffentliche Liegenschaften mit hohem Anteil an Büronutzung (Universitäten, Ämter usw.) das hier identifizierbare hohe Einsparpotenzial für

Energie durch verändertes Nutzerverhalten auch tatsächlich nutzen? In Change wurden in Zusammenarbeit mit mehreren Hochschulen Maßnahmen entwickelt und getestet, die sich speziell für solche Einrichtungen eignen.

www.change-energie-de

Verbundleitung/-koordination

Prof. Dr. Ellen Matthies, Otto von Guericke Universität Magdeburg, Institut für Psychologie

Beteiligte Forschungspartner

Ruhr-Universität Bochum, Fakultät für Psychologie, Arbeitsgruppe Umwelt- und Kognitionspsychologie: Prof. Dr. Ellen Matthies; Max Scharwächter, M. Sc.-Psych.; Ingo Kastner, M.Sc.-Psych. Dipl.-Bw. (BA); Nadine Hansmeier, Dipl.-Psych. B.A. Geogr.; Jennifer Zielinski, M. Sc.-Psych.

Ruhr-Universität Bochum, Fakultät für Maschinenbau, Lehrstuhl für Energiesysteme und Energiewirtschaft: Prof. Dr.-Ing. Hermann-Josef Wagner; Andreas Klesse, Dipl.-Ing.

HIS Hochschul-Informations-System GmbH, Hannover: Joachim Müller, Dipl.-Geogr.; Ralf-Dieter Person, Dipl.-Ing.; Ruth Cordes, M. A.

in-summa GbR, Braunschweig: Dr. Dirk Thomas; Torben Aberspach, M. A.

Praxispartner

Energieagentur NRW; Rheinische Friedrich-Wilhelms-Universität Bonn; Universität Bremen; Technische Universität Dortmund; Philipps-Universität Marburg; Westfälische Wilhelms-Universität Münster; Universität Rostock; Universität Siegen; Hochschule Zittau/Görlitz

Produkte, die in der Praxis unmittelbar genutzt werden können

- Online-Tool zur Kampagnenplanung:
  www.change-energie.de/kampagne?lang=de

Das Tool ist auf Hochschulen zugeschnitten, kann aber auch von anderen Organisationen genutzt werden. Mit Hilfe dieses Tools können interessierte Organisationen eigene Energiesparkampagnen durchführen, die auf Verhaltensänderungen der Beschäftigten abzielen, nur minimal investive Maßnahmen (z. B. Anschaffung abschaltbarer Steckerleisten) umfassen und für die Mitarbeitenden keinen Komfortverlust bedeuten. Mit dem Tool können solche Kampagnen schrittweise und teilweise interaktiv geplant werden. Materialien und Checklisten werden bereitgestellt.

Empfehlungen

Im Change-Kampagnenportal finden sich Empfehlungen zum Energiesparen in Organisationen durch verändertes Nutzerverhalten. Die Empfehlungen beziehen sich überwiegend auf das Verhalten an Arbeitsplätzen mit büroartiger Nutzung. Durch die Anbindung an die HIS-Homepage ist dieses Tool mittlerweile fast allen Hochschulen in Deutschland bekannt.

Zentrale Publikationen

Matthies E., Kastner I., Klesse A., Wagner H.-J. (2011): High reduction potentials for energy user behavior in public buildings: how much can psychology-based interventions achieve? In: Journal of Environmental Studies and Science 1 (3), 241–255.

Matthies E., Thomas D. (2011): Nachhaltigkeitsrelevante Routinen am Arbeitsplatz – Voraussetzungen für einen erfolgreichen Wandel. In: Defila R., Di Giulio A., Kaufmann-Hayoz R. (Hrsg.): Wesen und Wege nachhaltigen Konsums. Ergebnisse aus dem Themenschwerpunkt „Vom Wissen zum Handeln – Neue Wege zum nachhaltigen Konsum". München: oekom. 231–245.

Matthies E., Wagner H.-J. (2011): Change – Veränderung nachhaltigkeitsrelevanter Routinen in Organisation. Münster: LIT Verlag.

„Consumer/Prosumer": Vom Consumer zum Prosumer – Potenziale für nachhaltigen Konsum durch den Wandel der Konsumentenrolle in der Internetökonomie

Eine breit angelegte empirische Analyse gab Aufschluss über veränderte Konsumentenrollen und Konsummuster sowie die Nachhaltigkeitseffekte und -potenziale des Gebrauchtwarenhandels. Sie diente als Fundament für die Entwicklung und Erprobung neuer Handelsformen, Auktionskulturen und Kommunikationsstrategien eines nachhaltigen Konsums. Zusammen mit eBay wurden im Verbund Potenziale für eine ökologische Optimierung des bestehenden Online-Handels erkundet und neue Geschäftsfelder zur Unterstützung nachhaltigen Konsums ausgelotet.

Verbundleitung/-koordination

Dr. Siegfried Behrendt, Institut für Zukunftsstudien und Technologiebewertung gGmbH (IZT), Berlin

Prof. Dr. Birgit Blättel-Mink, Goethe-Universität Frankfurt am Main, Fachbereich 03 Gesellschaftswissenschaften, Institut für Gesellschafts- und Politikanalyse

Beteiligte Forschungspartner

IZT – Institut für Zukunftsstudien und Technologiebewertung gGmbH, Berlin: Dr. Siegfried Behrendt; Lorenz Erdmann, Dipl.-Ing.; Christine Henseling, M. A.

Borderstep Institut für Innovation und Nachhaltigkeit gGmbH, Hannover: Dr. Jens Clausen; Prof. Dr. Klaus Fichter; Wiebke Winter, Dipl.-Soz.Wiss.

Johann Wolfgang Goethe-Universität Frankfurt am Main: Prof. Dr. Birgit Blättel-Mink; Dirk Dalichau, Dipl.-Soz.

Praxispartner

eBay Deutschland GmbH; Bundesverband Informationstechnik, Telekommunikation und Neue Medien e. V. (BITKOM)

Empfehlungen

Im unten aufgeführten Buch von Behrendt et al. 2011 werden Empfehlungen insbesondere für Betreiber von Plattformen für den Online-Gebrauchtwarenhandel formuliert (besonders S. 193). Die Empfehlungen zielen etwa auf Umweltentlastungen durch Angebote zum klimaneutralen Versand oder strategische Allianzen mit Transportdienstleistern, auf gezielte Kommunikationsstrategien und die Entwicklung der Aufnahmefähigkeit von Märkten für mehr Gebrauchtwaren, aber auch auf die Entwicklung neuer Handels- und Auktionskulturen, welche die Erhöhung von Langlebigkeit und die Werterhaltung der Produkte als Strategien eines nachhaltigen Konsums fördern.

Zentrale Publikationen

Behrendt S., Blättel-Mink B., Clausen J. (Hrsg.) (2011): Wiederverkaufskultur im Internet. Chancen für nachhaltigen Konsum am Beispiel von eBay. Berlin u. a.: Springer.

Blättel-Mink B., Clausen J., Dalichau D. (2011): Neue Akteure in Online-Märkten des Gebrauchtwarenhandels. Chancen für nachhaltigen Konsum am Beispiel eBay. In: Defila R., Di Giulio A., Kaufmann-Hayoz R. (Hrsg.): Wesen und Wege nachhaltigen Konsums. Ergebnisse aus dem Themenschwerpunkt „Vom Wissen zum Handeln – Neue Wege zum nachhaltigen Konsum". München: oekom. 349–362.

Clausen J., Blättel-Mink B., Erdmann L., Henseling C. (2010): Contribution of Online Trading of Used Goods to Resource Efficiency: An Empirical Study of eBay Users. In: Sustainability 2 (6), 1810–1830.

„ENEF-Haus": Energieeffiziente Modernisierung im Gebäudebestand bei Ein- und Zweifamilienhäusern – Aktivierung und Kompetenzstärkung von Eigenheimbesitzern

Wie kann die energetische Sanierungsquote von Ein- und Zweifamilienhäusern erhöht werden? Dieser zentralen Fragestellung gingen die Projekte in ENEF-Haus nach. Hierzu wurde ein integrierter Politik- und Beratungsansatz entwickelt, der auf die Bedürfnisse der verschiedenen Zielgruppen zugeschnitten ist. Auf dieser Grundlage wurden Empfehlungen zur Gestaltung politischer Instrumente erarbeitet sowie Konzepte für zielgruppenbezogene Beratungsangebote für eine energieeffiziente Sanierung entwickelt.

www.enef-haus.de

Verbundleitung/-koordination

Prof. Dr. Stefan Zundel, Brandenburgische Technische Hochschule Cottbus Senftenberg (ehemals Hochschule Lausitz)

Beteiligte Forschungspartner

Brandenburgische Technische Hochschule Cottbus Senftenberg (ehemals Hochschule Lausitz): Prof. Dr. Stefan Zundel; Tanja Albrecht, Dipl.-Kffr. (FH); Prof. Dr. Winfried Schütz; Sebastian Tempel

Institut für ökologische Wirtschaftsforschung GmbH (IÖW), Berlin/Heidelberg: Dr. Julika Weiß; Elisa Dunkelberg, Dipl.-Ing.; Dr. Bernd Hirschl; Thomas Vogelpohl, Dipl.-Pol.

Institut für sozial-ökologische Forschung (ISOE), Frankfurt am Main: Dr. Immanuel Stieß; Dr. Jutta Deffner; Victoria van der Land, M.A.; Barbara Birzle-Harder, M.A.

Praxispartner

Bremer Energie-Konsens GmbH; dena – Deutsche Energie-Agentur GmbH; GIH – Bundesverband Gebäudeenergieberater Ingenieure Handwerker; Haus und Grund – Bundesverband; Verbraucherzentrale Nordrhein-Westfalen; ZAB – Zukunftsagentur Brandenburg

Produkte, die in der Praxis unmittelbar genutzt werden können

- Albrecht T., Deffner J., Dunkelberg E., Hirschl B., van der Land V., Stieß I., Vogelpohl T., Weiß J., Zundel S. (2010): Zum Sanieren motivieren. Eigenheimbesitzer zielgerichtet für eine energetische Sanierung gewinnen. Projektverbund ENEF-Haus. www.enef-haus.de/fileadmin/ENEFH/redaktion/PDF/Zum_Sanieren_Motivieren.pdf

In dieser Broschüre sind die zentralen Ergebnisse von ENEF-Haus für Multiplikatoren aufbereitet. Diese können die Broschüre direkt nutzen, um ihre Aktivitäten zur Förderung des energieeffizienten Bauens adressatengerecht zu gestalten.

Empfehlungen

Die oben erwähnte Broschüre „Zum Sanieren motivieren" präsentiert die Ergebnisse der Potenzial- und Zielgruppenanalyse sowie die Empfehlungen zu politischen und kommunikativen Instrumenten. Adressaten sind Akteure in Politik und Verwaltung im Bereich energieeffizientes Bauen sowie Multiplikatoren in Kommunen, Energie- und Klimaagenturen, Verbraucher- und Umweltorganisationen, Energieberater, lokale Kompetenzzentren und Qualitätsnetzwerke.

Zentrale Publikationen

Albrecht T., Zundel S. (2010): Gefühlte Wirtschaftlichkeit. Wie Eigenheimbesitzer energetische Sanierungsmaßnahmen ökonomisch beurteilen. Senftenberg: Projektverbund ENEF-Haus.

Birzle-Harder B., Deffner J., Stieß I., van der Land V. (2010): Handlungsmotive, -hemmnisse und Zielgruppen für eine energetische Gebäudesanierung. Ergebnisse einer standardisierten Befragung von Eigenheimsanierern. Frankfurt am Main: Projektverbund ENEF-Haus.

Dunkelberg E., Stieß I. (2011): Energieberatung für Eigenheimbesitzer/innen. Wege zur Verbesserung von Bekanntheit und Transparenz durch Systematisierung, Qualitätssicherung und kommunale Vernetzung. Berlin: Projektverbund ENEF-Haus.

Dunkelberg E., Weiß J. (2010): Erschließbare Energieeinsparpotenziale im Ein- und Zweifamilienhausbestand. Eine Untersuchung des energetischen Ist-Zustands der Gebäude, aktueller Sanierungsraten, theoretischer Einsparpotenziale sowie deren Erschließbarkeit. Berlin: Projektverbund ENEF-Haus.

Weiß J., Stieß I., Zundel S. (2011): Motive und Hemmnisse für eine energetische Sanierung von Eigenheimen. In: Defila R., Di Giulio A., Kaufmann-Hayoz R. (Hrsg.): Wesen und Wege nachhaltigen Konsums. Ergebnisse aus dem Themenschwerpunkt „Vom Wissen zum Handeln – Neue Wege zum nachhaltigen Konsum". München: oekom. 181–196.

„Intelliekon": Nachhaltiger Energiekonsum von Haushalten durch intelligente Zähler-, Kommunikations- und Tarifsysteme

Intelliekon ermittelte durch eine breit angelegte Feldstudie in zehn Städten und Regionen mit ca. 5000 Kundinnen und Kunden das Potenzial von Feedback-

Instrumenten für einen nachhaltigen Stromkonsum. Durch eine hohe Teilnehmerzahl, eine Vielfalt an Feedback-Instrumenten sowie eine lange, mindestens einjährige Versuchsdauer wurden Gestaltungsoptionen der Mensch-Technik-Systeme entwickelt und erprobt. Es wurde untersucht, inwieweit die Stromkunden dadurch, dass sie ihren Energiekonsum detailliert kennenlernen, dazu angeregt werden, durch eigenes Handeln ihren Stromverbrauch zu reduzieren.

www.intelliekon.de

Verbundleitung/-koordination

Sebastian Gölz, Dipl.-Psych., Fraunhofer-Institut für Solare Energiesysteme ISE, Freiburg i. Br.

Beteiligte Forschungspartner

Fraunhofer-Institut für Solare Energiesysteme ISE, Freiburg i. Br.: Sebastian Gölz, Dipl.-Psych.; Dominik Noeren, Dipl.-Ing. M.Sc.; Heike Schiller, Dipl.-Psych.; Dorika Fleissner, Dipl.-Psych.

Fraunhofer-Institut für System- und Innovationsforschung ISI, Karlsruhe: Dr. Marian Klobasa; Prof. Dr. Joachim Schleich

Institut für sozial-ökologische Forschung (ISOE), Frankfurt am Main: Dr. Konrad Götz; Georg Sunderer, Dipl.-Soz.; Dr. Jutta Deffner

EVB Energy Solutions: Björn de Wever, Dipl-Ing. FH; Andreas Häferer, Dipl.-Inform.

Praxispartner

Energieversorgung Oelde; Stadtwerke Hassfurt; Stadtwerke Münster; Stadtwerke Schwerte; Stadtwerke Ulm; SVO Energie (Celle); swb (Bremen); SWK SE-TEC (Krefeld); Technische Werke Kaiserslautern; Linz Strom GmbH

Produkte, die in der Praxis unmittelbar genutzt werden können

- Intelliekon – Nachhaltiger Energiekonsum von Haushalten durch intelligente Zähler-, Kommunikations- und Tarifsysteme. Ergebnisbericht – November 2011, Projektbroschüre. Freiburg, Fraunhofer-Institut für Solare Energiesysteme ISE. www.intelliekon.de/ergebnisse/downloads/307_Ergebnisbericht_ RZ_klein_sortiert.pdf

Die Projektbroschüre enthält die wichtigsten Ergebnisse und Empfehlungen aus Intelliekon. Sie kann besonders von Energieversorgern und Verbraucherzentralen im Rahmen ihrer Beratungstätigkeit genutzt werden.

Empfehlungen

Es wurden Empfehlungen für verschiedene Akteure in der Energiepolitik (BMWi, DENA, e-control) sowie an die Energiewirtschaft formuliert. Diese finden sich in der unten angegebenen Publikation von Gölz et al. 2012. Für die Praxisakteure Haushalte sowie Institutionen, die diese im Hinblick auf Energie versorgen (Stadtwerke, EVU) oder beraten (Verbraucherzentralen), wurden Empfehlungen sowie wesentliche Erkenntnisse in der Projektbroschüre verbreitet.

Zentrale Publikationen

Götz K., Sunderer G., Gölz S. (2013): Smart Metering – intelligentes Stromsparen? In: Leitschuh H., Michelsen G., Simonis U. E., Sommer J., von Weizsäcker E. U. (Hrsg.): Mut zu Visionen. Brücken in die Zukunft. Jahrbuch Ökologie 2014. Stuttgart: Hirzel. 204–209.

Fleissner D., Hahnel U. J. J., Gölz S. (accepted): Auswirkungen eines zeitvariablen Tarifes auf Verhalten und Einstellungen von Energiekonsumenten. In: Umweltpsychologie.

Schleich J., Klobasa M., Brunner M., Gölz S. (2013): Effects of feedback on residential electricity demand – Findings from a field trial in Austria. In: Energy Policy 61, 1097–1106.

Gölz S., Götz K., Klobasa M., Schleich J., Sunderer G. (2012): Führt Verbrauchsfeedback zu Stromeinsparungen? Energiewirtschaftliche Tagesfragen 62 (8).

Sunderer G., Götz K., Gölz, S. (2011): Die Bewertung von Feedbackinstrumenten zum Stromverbrauch. In: Defila R., Di Giulio A., Kaufmann-Hayoz R. (Hrsg.): Wesen und Wege nachhaltigen Konsums. Ergebnisse aus dem Themenschwerpunkt „Vom Wissen zum Handeln – Neue Wege zum nachhaltigen Konsum". München: oekom. 397–413.

„LifeEvents": Lebensereignisse als Gelegenheitsfenster für eine Umstellung auf nachhaltige Konsummuster

LifeEvents untersuchte die Wirksamkeit verschiedener Kampagnentypen und die Eignung von Lebensereignissen (Umzug, Geburt des ersten Kindes) als Zeitfenster für eine Umstellung auf nachhaltige Konsummuster. Die Kampagnen adressierten die Konsumbereiche Ernährung, Mobilität und Energiesparen und wurden in Berlin in Kooperation mit der Senatsverwaltung und weiteren Praxisakteuren durchgeführt und evaluiert.

Verbundleitung/-koordination

Prof. Dr. Dr. Martina Schäfer, Zentrum Technik und Gesellschaft (ZTG), Technische Universität Berlin

Beteiligte Forschungspartner

Technische Universität Berlin, Zentrum Technik und Gesellschaft: Prof. Dr. Dr. Martina Schäfer; Dr. Melanie Jaeger-Erben; Dr. Adina Herde; Sophie Scholz, Dipl.-Psych.

Fachhochschule Bielefeld, Abteilung Sozialwesen, Fachgebiet Sozialpsychologie und Methoden: Prof. Dr. Sebastian Bamberg; Angelika Just, Dipl.-Psych.

Praxispartner

Senatsverwaltung für Gesundheit, Umwelt und Verbraucherschutz (Schirmherrin); Omniphon Gesellschaft für Dialogmarketing und Marktforschung; Allgemeiner Deutscher Fahrradclub (ADFC); BUND und BUNDjugend Berlin; ElektrizitätsWerke Schönau (EWS); Greenpeace Energy; NaturStromHandel; LichtBlick; Fördergemeinschaft Ökologischer Landbau Berlin-Brandenburg (FÖL); pro agro e. V.; Verbraucherzentrale Bundesverband – Energieteam; Verkehrsverbund Berlin-Brandenburg (VBB); Unternehmen der Verarbeitung und des Handels von Bioprodukten sowie von regionalen Produkten

Produkte, die in der Praxis unmittelbar genutzt werden können

- Online-Tool zur Kampagnengestaltung: www.klima-kampagnen-baukasten.de

Die Erkenntnisse zur erfolgreichen Gestaltung von Kampagnen für nachhaltigen oder klimaschonenden Konsum wurden in Form eines Online-Tools aufgearbeitet. Dieses stellt zum einen Hintergrundmaterial zu den Charakteristika von Alltagshandeln, verschiedenen Kampagnenformen, der Wirksamkeit von Kampagnen usw. zur Verfügung. Zum anderen enthält es eine konkrete Anleitung zur Planung von Kampagnen.

Empfehlungen

In LifeEvents wurden die Konsumbereiche Ernährung, Mobilität und Energiesparen untersucht. Das Online-Tool behandelt diese Konsumbereiche und entsprechende Kampagnen als jeweils eigene Unterthemen. Die Empfehlungen zur Kampagnenplanung richten sich an Interessierte aus Umwelt- und Verbraucherverbänden, Kommunen oder Verwaltungen.

Zentrale Publikationen

Jaeger-Erben M. (2010): Zwischen Routine, Reflektion und Transformation. Die Veränderung von alltäglichem Konsum durch Lebensereignisse und die Rolle von Nachhaltigkeit – eine empirische Untersuchung unter Berücksichtigung praxistheoretischer Konzepte. Dissertationsschrift. Berlin: Technische Universität Berlin. opus.kobv.de/tuberlin/volltexte/2010/2816/pdf/jaegererben_melanie.pdf

Jaeger-Erben M., Schäfer M. (2010): Konsument(inn)en im Fokus von Nachhaltigkeitsstrategien – Eine empirische Untersuchung zwischen akteurs-, struktur- und alltagszentrierten Herangehensweisen. In: VPP – Verhaltenstherapie & psychosoziale Praxis 2/2010, Schwerpunkt: Herausforderung Klimawandel, 377–391.

Jaeger-Erben M., Schäfer M., Bamberg S. (2011): Forschung zu nachhaltigem Konsum – Herausforderungen und Chancen der Theorien- und Methodentriangulation. In: Umweltpsychologie 15 (1), 7–29.

Schäfer M., Jaeger-Erben M., Bamberg S. (2012): Life Events as Windows of Opportunity for Changing Towards Sustainable Consumption Patterns? Results from an Intervention Study. In: Journal of Consumer Policies 35 (1), 65–84.

Schäfer M., Jaeger-Erben M. (2011): Lebensereignisse als Gelegenheitsfenster für nachhaltigen Konsum? Die Veränderung alltäglicher Lebensführung in Umbruchsituationen. In: Defila R., Di Giulio A., Kaufmann-Hayoz R. (Hrsg.): Wesen und Wege nachhaltigen Konsums. Ergebnisse aus dem Themenschwerpunkt „Vom Wissen zum Handeln – Neue Wege zum nachhaltigen Konsum". München: oekom. 213–228.

„Nutzerintegration": Förderung Nachhaltigen Konsums durch Nutzerintegration in Nachhaltigkeits-Innovationen

Im Rahmen von Nutzerintegration haben führende Unternehmen aus den Bereichen Bauen, Lebensmittel und Mobilität Nutzer aktiv durch Innovationsworkshops, Toolkits und Ideenwettbewerbe in ihre Nachhaltigkeitsinnovationsprozesse einbezogen. Dadurch konnten die Nutzerinnen frühzeitig ihre Bedürfnisse formulieren, kreative Ideen generieren und neue nachhaltige (Produkt-)Konzepte entwickeln. Durch die aktive Beteiligung wird das technologische Know-how der Unternehmen durch Alltags- und Nutzerwissen ergänzt, was im Idealfall zu Lerneffekten und erfolgreichen Nachhaltigkeitsinnovationen führt.

Verbundleitung/-koordination

Prof. Dr. Frank-Martin Belz, Technische Universität München, TUM School of Management

Beteiligte Forschungspartner

Technische Universität München, Professur für unternehmerische Nachhaltigkeit: Prof. Dr. Frank-Martin Belz; Dr. Marlen Arnold; Sunita Ramakrishnan, Dipl. Kulturwirtin; Marc Requardt, Dipl.-Oec.; Dr. Sandra Silvertant

Technische Universität München, Lehrstuhl für Psychologie: Prof. Dr. Hugo Kehr; Dr. Stefan Engeser; Susanne Steiner, Dipl.-Psych.

Technische Universität München, Professur für Gender Studies in den Ingenieurwissenschaften: Prof. Dr. Susanne Ihsen; Sabrina Gebauer, Dipl.-Päd.

Wissenschaftszentrum Straubing, Lehrstuhl für Rohstoff- und Energietechnologie: Prof. Dr. Martin Faulstich; PD Dr. Gabriele Weber-Blaschke; Henriette Cornet, Dipl.-Ing.

Technische Universität Berlin, Professur Arbeitslehre/Haushalt: Prof. Dr. Ulf Schrader; Benjamin Diehl, Dipl.-Psych.

Universität Oldenburg, Institut für Betriebswirtschaftslehre und Wirtschaftspädagogik: Prof. Dr. Bernd Siebenhüner; David Sichert, Dipl. Soz.-Wiss.

Münchner Projektgruppe für Sozialforschung e. V. (MPS): Prof. Dr. Cordula Kropp; Gerald Beck, Dipl.-Soz.; Dennis Odukoya

Praxispartner

81fünf high-tech & holzbau AG; Gundlach; Andechser Molkerei; Bernbacher; Natura Packaging; Rhein-Main-Verkehrsverbund (RMV); Münchner Verkehrs- und Tarifverbund GmbH (MVV)

Empfehlungen

In dem anwendungsorientierten Projekt wurden praktische Erfahrungen mit den modernen Methoden der Open Innovation gesammelt und neue wissenschaftliche Erkenntnisse im Hinblick auf Lead User erzielt, die in dem unten aufgeführten Buch von Belz et al. 2011 dargestellt und kritisch reflektiert werden.

Zentrale Publikationen

Belz F.-M., Schrader U., Arnold M. (Hrsg.) (2011): Nachhaltigkeitsinnovation durch Nutzerintegration, Marburg: Metropolis.

Belz F.-M., Schrader U. (2011): Nachhaltigkeitsinnovation durch Nutzerintegration? In: Beck G., Kropp C. (Hrsg.): Gesellschaft innovativ. Wer sind die Akteure? Wiesbaden: VS Verlag. 205–216.

Kropp C., Beck G. (2011): Wie offen sind offene Innovationsprozesse? Von Nutzerrollen und Umsetzungsbarrieren. In: Defila R., Di Giulio A., Kaufmann-Hayoz R. (Hrsg.): Wesen und Wege nachhaltigen Konsums. Ergebnisse aus dem Themenschwerpunkt „Vom Wissen zum Handeln – Neue Wege zum nachhaltigen Konsum". München: oekom. 333–347.

Schrader U., Belz F.-M. (2011): Mit Nutzerintegration zu Nachhaltigkeitsinnovationen. In: Defila R., Di Giulio A., Kaufmann-Hayoz R. (Hrsg.): Wesen und Wege nachhaltigen Konsums. Ergebnisse aus dem Themenschwerpunkt „Vom Wissen zum Handeln – Neue Wege zum nachhaltigen Konsum". München: oekom. 363–380.

„Seco@home": Soziale, ökologische und ökonomische Dimensionen eines nachhaltigen Energiekonsums in Wohngebäuden

Wie sehen die konkreten Kundenpräferenzen für einen nachhaltigen Energiekonsum im Wohngebäude aus? Seco@home gibt empirisch fundierte Antworten auf diese Frage. Ziel war es, für unterschiedliche Bereiche (zum Beispiel Wärme und Strom) die Ausprägungen, Determinanten, Blockaden und Auswirkungen von nachhaltigen, mittel- und langfristigen Energiekonsumentscheidungen in Wohngebäuden in einer empirisch gestützten, inter- und transdisziplinären Analyse herauszuarbeiten.

www.zew.de/seco

Verbundleitung/-koordination

Dr. Klaus Rennings, Zentrum für Europäische Wirtschaftsforschung GmbH (ZEW), Mannheim

Beteiligte Forschungspartner

Zentrum für Europäische Wirtschaftsforschung GmbH (ZEW), Mannheim: Dr. Klaus Rennings

Universität St. Gallen: Prof. Dr. Rolf Wüstenhagen

Fraunhofer-Institut für System- und Innovationsforschung (Fraunhofer ISI), Karlsruhe: Prof. Dr. Joachim Schleich

Deutsches Institut für Wirtschaftsforschung (DIW), Berlin: Dr. Thure Traber

Öko-Institut, Darmstadt, Freiburg i. Br.: Dr. Bettina Brohmann

Praxispartner

European Commission, DG JRC, Institute for Energy; Wuppertal Institut; Bundesamt für Energie (Schweiz); EnBW AG, Karlsruhe; Vattenfall Europe Berlin AG & Co. KG, Berlin; Verband kommunaler Unternehmen e. V., VKU; Solar-Fabrik AG, Freiburg i. Br.; Accera Venture Partners AG, Mannheim; Bundesverband Gebäudeenergieberater, Ingenieure, Handwerker (GIH), Stuttgart; Arbeitsgemeinschaft für sparsame Energie- und Wasserverwendung im VKU; Germanwatch, Bonn/Berlin; ifeu Institut, Heidelberg; Bund der Energieverbraucher e. V.; Verbraucherzentrale NRW e. V.; hessenENERGIE GmbH; Berliner Energieagentur GmbH

Empfehlungen

Die im Projekt erarbeiteten Nachhaltigkeitsstrategien richten sich an Unternehmen und an Entscheidungsträger aus der Umwelt- und Energiepolitik. Unternehmen im Bereich nachhaltiger Energien (zum Beispiel Anbieter energieeffizienter Haushaltsgeräte) können mit den Empfehlungen des Projektes ihr

Marketing verbessern (insbesondere in Bezug auf potenzielle Kunden und Zielgruppen). Finanzunternehmen können die Projektergebnisse verwenden, um zu einem realistischeren Verständnis des Marktpotenzials verschiedener Unternehmen im Bereich nachhaltiger Energien in Wohngebäuden zu gelangen. Die Empfehlungen sind im Einzelnen den Kapiteln 2, 3 und 4 des unten aufgeführten Buches von Rennings et al. 2013 zu entnehmen.

Zentrale Publikationen

Groba F., Traber T. (2010): Increasing energy efficiency in private households in Germany – Overview of existing and proposed policy measures. Workshop Report No. 12 within the SECO@home project.

Heinzle S., Wüstenhagen R. (2010): Disimproving the European Energy Label's value for consumers? Results of a consumer survey. Working Paper No. 5 within the SECO@home project.

Mills B., Schleich J. (2010): What's driving energy efficient appliance label awareness and purchase propensity? In: Energy Policy 38 (2), 814–825.

Rennings K., Brohmann B., Nentwich J., Schleich J., Traber T., Wüstenhagen R. (eds.) (2013): Sustainable Energy Consumption in Residential Buildings. ZEW Economic Studies 44. Berlin: Springer.

„Transpose": TRANSfer von POlitikinstrumenten zur StromEinsparung

Transpose untersuchte Möglichkeiten der Reduzierung des Stromverbrauchs privater Haushalte. Dazu wurden Politikinstrumente identifiziert, die auf Verbraucherinnen und die Verbraucherumgebung gerichtet sind und sich im Ausland als wirksam erwiesen haben. Deren Transferpotenzial für Deutschland wurde untersucht. Stakeholder-Dialoge und Policy-Briefs generierten Transferimpulse in Politik und Zivilgesellschaft.
www.uni-muenster.de/Transpose

Verbundleitung/-koordination

Prof. Doris Fuchs, Ph.D., Westfälische Wilhelms-Universität Münster, Institut für Politikwissenschaft

Dr. Kerstin Tews, Freie Universität Berlin (FU Berlin), Forschungszentrum für Umweltpolitik

Beteiligte Forschungspartner

Westfälische Wilhelms-Universität Münster, Institut für Politikwissenschaft: Prof. Doris Fuchs, Ph.D.; Dr. Ulrich Hamenstädt; Dr. Hildegard Pamme; Christian Dehmel, M. A.

Freie Universität Berlin (FU Berlin), Forschungszentrum für Umweltpolitik: Dr. Kerstin Tews

Öko-Institut e. V., Darmstadt, Freiburg i. Br.: Dr. Bettina Brohmann; Veit Bürger, Dipl.-Phys. Dipl.-Energiewirt

Universität Kassel, Institut für Psychologie: Jun.-Prof. Dr. Dörthe Krömker; Dr. Frank Eierdanz; Christian Dehmel, M. A.

Universität Konstanz, Lehrstuhl für Materielle Staatstheorie: Prof. Dr. Volker Schneider; Nadja Schorowsky, M. A.

Interuniversitäres Forschungszentrum für Technik, Arbeit und Kultur (IFZ) Graz: Assoz.Prof. DI Mag. Dr. M.Sc. Harald Rohracher; Anna Schreuer, Mag. M.Sc.; Wilma Mert, Mag. M.Sc.

Praxispartner
Verbraucherzentrale NRW; Northern Alliance for Sustainability (ANPED); Wittenberg Zentrum für Globale Ethik

Produkte, die in der Praxis unmittelbar genutzt werden können
- Fallstudien der Stärken und Schwächen von Politikinstrumenten, die im Ausland eingesetzt werden: Progressive Tarife, Prämienprogramme, Einsparquoten und Organisationsmodelle im Bereich Nachtstromspeicherheizungen
- Analysen der Treiber des Stromverbrauchs privater Haushalte und diesbezüglicher Trends
- Policy-Briefs, die die Erfolgsbedingungen des Transfers und der Wirkung konkreter Politikinstrumente, insbesondere progressiver Tarife und Prämienprogramme, kurz und übersichtlich kommunizieren
- Experimentalergebnisse zur Preiselastizität des Stromverbrauchs sowie des Konsums stromeffizienter Haushaltsgeräte

Die ersten drei Produkte können von politischen Entscheidungsträgern (Regierung, Ministerien, Parteien) sowie zivilgesellschaftlichen und wirtschaftlichen Akteuren bei der (Beeinflussung der) Wahl von Strategien zur Reduzierung des Stromverbrauchs von Privathaushalten in Deutschland genutzt werden. Das vierte Produkt kann von Stromversorgern und Herstellern stromeffizienter Haushaltsgeräte bei der Entwicklung von Produktangeboten sowie von politischen Entscheidungsträgern bei der Ausgestaltung von Regulationen im Bereich des Stromverbrauchs von Privathaushalten genutzt werden. Alle hier aufgeführten Produkte stehen auf der Webseite von Transpose zur Verfügung: www.uni-muenster.de/Transpose/publikationen/index.html

Empfehlungen
In Transpose wurden Empfehlungen für politische, wirtschaftliche und zivilgesellschaftliche Akteure im Bereich Stromversorgung und Stromverbrauch formuliert. Die Empfehlungen weisen auf wichtige zu beachtende Punkte hin,

wenn es zum Beispiel um die Einführung progressiver Tarife, um Prämienprogramme zur Förderung energieeffizienter Elektrogeräte, um die Beschleunigung des Austauschs von Nachtstromspeicherheizungen oder um die Bildung einer eigenständigen Energieagentur geht. Die Empfehlungen finden sich in den Veröffentlichungen auf der Website des Forschungsverbundes.

Zentrale Publikationen

Brohmann B., Bürger V., Dehmel C., Fuchs D., Hamenstädt U., Krömker D., Schneider V., Tews K. (2011): Rahmenbedingungen politischer Interventionen zur Förderung des nachhaltigen Elektrizitätskonsums privater Haushalte. In: Defila R., Di Giulio A., Kaufmann-Hayoz R. (Hrsg.): Wesen und Wege nachhaltigen Konsums. Ergebnisse aus dem Themenschwerpunkt „Vom Wissen zum Handeln – Neue Wege zum nachhaltigen Konsum". München: oekom. 431–442.

Brohmann B., Dehmel C., Fuchs D., Mert W., Schreuer A., Tews K. (2011): Prämienprogramme und progressive Stromtarife als Instrumente zur Förderung des nachhaltigen Elektrizitätskonsums privater Haushalte. In: Defila R., Di Giulio A., Kaufmann-Hayoz R. (Hrsg.): Wesen und Wege nachhaltigen Konsums. Ergebnisse aus dem Themenschwerpunkt „Vom Wissen zum Handeln – Neue Wege zum nachhaltigen Konsum". München: oekom. 442–453.

Bürger V. (2010): Quantifizierung und Systematisierung der technischen und verhaltensbedingten Stromeinsparpotenziale der deutschen Privathaushalte. In: Zeitschrift für Energiewirtschaft 34 (1), 47–59.

Fuchs D. (Hrsg.) (2011): Die politische Förderung des Stromsparens in Privathaushalten. Herausforderungen und Möglichkeiten. Berlin: Logos.

Mayer I., Schneider V., Wagemann C. (2011): Energieeffizienz in privaten Haushalten im internationalen Vergleich. Eine Policy-Wirkungsanalyse mit QCA. Politische Vierteljahresschrift 52 (3), 399–423.

Tews K. (2011): Progressive Stromtarife für Verbraucher in Deutschland? In: Energiewirtschaftliche Tagesfragen, Heft 10/2011.

„Wärmeenergie": Energie nachhaltig konsumieren – nachhaltige Energie konsumieren. Wärmeenergie im Spannungsfeld von sozialen Bestimmungsfaktoren, ökonomischen Bedingungen und ökologischem Bewusstsein

Im Zentrum des Verbundes stand die Analyse des Wärmeenergieverbrauchs privater Haushalte, wobei neben dem Verhalten der Konsumenten auch die Rolle von baulichen Strukturen und die Nachhaltigkeit von Versorgungsoptionen sowie die zwischen den Strukturen und den Konsumentinnen vermittelnden Mesoakteure Gegenstand der Untersuchungen waren.

www.uni-stuttgart.de/nachhaltigerkonsum/de/index.html

Verbundleitung/-koordination

Prof. Dr. Dr. Ortwin Renn und Sandra Wassermann, M. A., Universität Stuttgart, ZIRIUS – Zentrum für interdisziplinäre Risiko- und Innovationsforschung

Beteiligte Forschungspartner

Universität Stuttgart, ZIRIUS: Prof. Dr. Dr. Ortwin Renn; Diana Gallego Carrera, M. A.; Dr. Marlen Niederberger; Sandra Wassermann, M. A.; Dr. Wolfgang Weimer-Jehle

Universität Stuttgart, Institut für Energiewirtschaft und Rationelle Energieanwendung (IER): Dr. Ludger Eltrop; Till Jenssen, Dipl.-Ing.; Daniel Zech, Dipl.-Geogr.

Europäisches Institut für Energieforschung (EIFER), Karlsruhe: Andreas Koch, Dipl.-Ing.; Pia Laborgne, M. A.; Kerstin Fink, M. A.

Bremer Energie Institut (BEI): Dr. Jürgen Gabriel; Katy Jahnke, Dipl. Volkswirtin; Marius Buchmann, M. A.

Goethe-Universität Frankfurt am Main, Institut für Arbeits-, Wirtschafts- und Zivilrecht: Prof. Dr. Marlene Schmidt

Praxispartner

Verbraucherzentrale Baden-Württemberg e. V.; Verbraucherzentrale Sachsen e. V.; Umwelt- und Transferzentrum – Handwerkskammer zu Leipzig; Baden-Württembergischer Handwerkstag; Siedlungswerk GmbH; Volkswohnung GmbH; Wohnungsbau-Genossenschaft Kontakt eG; Pro Potsdam GmbH; Energieberatungszentrum Stuttgart e. V.; Schornsteinfegerinnung Stuttgart

Produkte, die in der Praxis unmittelbar genutzt werden können

- Leitfäden für Politik und Praxisakteure:
  www.uni-stuttgart.de/nachhaltigerkonsum/de/Downloads.html

Es gibt zum Beispiel Leitfäden für Wohnungsunternehmen über Möglichkeiten der Bewohnerbeteiligung bei energetischen Sanierungen oder für die Erstellung von Informationsbroschüren zum Thema nachhaltiger Wärmekonsum. Außerdem wurden verschiedene juristische Regelungsvorschläge erarbeitet: zur Förderung eines ökologischen Mietspiegels, zur erleichterten Umlagefähigkeit von Contracting-Kosten im Mietverhältnis und zur verpflichtenden Vorlage des Energieausweises beim Abschluss eines Miet- oder Kaufvertrags.

- Heizkostenvergleich:
  www.ier.uni-stuttgart.de/linksdaten/heizkostenvergleich/
  IER-Heizkostenvergleich_Dokumentation.pdf

Der Heizkostenvergleich stellt eine Grundlage zur Beurteilung der Gesamtkosten verschiedener Anlagen zur Beheizung von Einzelhäusern aus Sicht des

Endkunden bzw. Hausbesitzers dar und kann insbesondere in der Energieberatung verwendet werden. Der Heizkostenvergleich wird regelmäßig aktualisiert.

Empfehlungen

Aus den Analysen wurden neben den erwähnten Praxisleitfäden weitere Handlungsempfehlungen erstellt. Diese umfassen Tipps für Verbraucher, sind aber vor allem an Politik und Praxisakteure wie Wohnungsbaugesellschaften und Energieberater gerichtet. Ziel der Handlungsempfehlungen und Leitfäden ist es aufzuzeigen, wie durch bauliche, kommunikative und organisatorische Maßnahmen zu einem effizienten Wärmeverbrauch im Haushalt beigetragen werden kann. Alle Empfehlungen sind in einer Broschüre zusammengestellt: www.uni-stuttgart.de/nachhaltigerkonsum/de/Downloads/Broschuere_NaKo_final.pdf

Zentrale Publikationen

Alcántara S., Wassermann S., Schulz M. (2011): „Ökostress" bei nachhaltigem Wärmekonsum? In: Defila R., Di Giulio A., Kaufmann-Hayoz R. (Hrsg.): Wesen und Wege nachhaltigen Konsums. Ergebnisse aus dem Themenschwerpunkt „Vom Wissen zum Handeln – Neue Wege zum nachhaltigen Konsum". München: oekom. 299–309.

Gallego Carrera D., Renn O., Wassermann S., Weimer-Jehle W. (Hrsg.) (2012): Nachhaltige Nutzung von Wärmeenergie. Wiesbaden: Springer-Vieweg.

Jahnke K. (2010): Analyse der Mesoebene: Praxisakteure im Blickfeld nachhaltigen Wärmekonsums. Stuttgarter Beiträge zur Risiko- und Nachhaltigkeitsforschung Nr. 17/November 2010. Stuttgart: Institut für Sozialforschung der Universität Stuttgart.

Jenssen T., Weimer-Jehle W. (2012): Mehr als die Summe der einzelnen Teile – Konsistente Szenarien des Wärmekonsums als Reflexionsrahmen für Politik und Wissenschaft. In: GAIA 21 (4), 290–299.

Koch A., Zech D. (2011): Wirkungsanalyse im Rahmen des Wärmekonsums – Nutzerverhalten und thermische Energienutzung. In: Defila R., Di Giulio A., Kaufmann-Hayoz R. (Hrsg.): Wesen und Wege nachhaltigen Konsums. Ergebnisse aus dem Themenschwerpunkt „Vom Wissen zum Handeln – Neue Wege zum nachhaltigen Konsum". München: oekom: 383–396.

„SÖF-Konsum-BF": Begleitforschung „Wissen bündeln – Wollen stärken – Können erleichtern"

Was lässt sich aufgrund der Forschung in den Verbünden des Themenschwerpunkts gesamthaft sagen in Bezug auf nachhaltigen Konsum und dessen Förderung? Die Aufgabe der Begleitforschung war es, gemeinsam mit den Forschenden die Ergebnisse aus den einzelnen Forschungsverbünden zusammenzuführen zu übergreifenden Einsichten, die mehr sind als das, was in den Verbünden je einzeln herausgefunden werden konnte.

Die Begleitforschung sollte ...

- verbundübergreifende inhaltliche Erkenntnisse erzeugen. Insbesondere sollte sie praxisfähiges Orientierungs- und Handlungswissen für die Gestaltung des Übergangs zu nachhaltigen Konsummustern bereitstellen; sie sollte aber auch neues Wissen über inter- und transdisziplinäre Forschungsprozesse generieren.
- die thematischen Verbünde in der Erfüllung ihrer Aufgaben unterstützen, vor allem im Hinblick auf Synergien und möglichst hohe Handlungsrelevanz ihrer Ergebnisse und Produkte.
- die Diffusion der Ergebnisse des SÖF-Themenschwerpunkts in die Praxis begleiten und unterstützen.

Die Aktivitäten zur Erreichung der Ziele wurden in Absprache mit den Verbünden, dem Projektträger und dem BMBF geplant und realisiert. Eine wichtige Rolle spielten dabei projektübergreifende Synthesetreffen, an denen Forschende aus allen Verbünden teilnahmen und gemeinsam übergreifende Ergebnisse erarbeiteten und die von der Begleitforschung methodisch und inhaltlich vorbereitet, moderiert und nachbereitet wurden.

www.ikaoe.unibe.ch/forschung/soefkonsum

Projektleitung

Fürspr. Rico Defila, Dr. Antonietta Di Giulio, Prof. em. Dr. Ruth Kaufmann-Hayoz, Universität Bern (Schweiz), Interfakultäre Koordinationsstelle für Allgemeine Ökologie (IKAÖ)

Projektmitarbeitende

Rhea Belfanti, B.A.; Thomas Brückmann, M.A.; Peter Kobel, B.A.; Arthur Mohr, Dr. rer. pol.; Andrea Gian Mordasini, lic. phil. hist.; Lukas Oechslin, B.A.; Sonja Schenkel, lic. phil. hist.; Markus Winkelmann, M.A.

Zentrale Produkte, die in Zusammenarbeit mit den Verbünden entstanden

- Sustainable Consumption – Towards Action and Impact. Internationale wissenschaftliche Tagung, 6. bis 8. November 2011 in Hamburg. www.sustainableconsumption2011.org
- Konsum und Nachhaltigkeit – Botschaften für Politik und Praxis. Fachtagung für politische und zivilgesellschaftliche Akteure, 23. November 2012 in Berlin. www.konsumbotschaften.de

- Defila R., Di Giulio A., Kaufmann-Hayoz R. (Hrsg.) (2011): Wesen und Wege nachhaltigen Konsums. Ergebnisse aus dem Themenschwerpunkt „Vom Wissen zum Handeln – Neue Wege zum nachhaltigen Konsum". München: oekom.
- Defila R., Di Giulio A., Kaufmann-Hayoz R. (eds.) (2012): The nature of sustainable consumption and how to achieve it. Results from the focal topic „From Knowledge to Action – New Paths towards Sustainable Consumption". Munich: oekom
- Blättel-Mink B., Brohmann B., Defila R., Di Giulio A., Fischer D., Fuchs D., Gölz S., Götz K., Homburg A., Kaufmann-Hayoz R., Matthies E., Michelsen G., Schäfer M., Tews K., Wassermann S., Zundel S. (Syntheseteam des Themenschwerpunkts „Vom Wissen zum Handeln – Neue Wege zum nachhaltigen Konsum") (2013): Konsum-Botschaften. Was Forschende für die gesellschaftliche Gestaltung nachhaltigen Konsums empfehlen. Stuttgart: Hirzel Verlag.

Personen

Wer an der Erarbeitung der Botschaften mitwirkte

Autorinnen und Autoren

An dieser Synthese des SÖF-Themenschwerpunkts Nachhaltiger Konsum beteiligten sich 16 Autorinnen und Autoren aus den thematischen Forschungsverbünden und der Begleitforschung. Die Mitglieder des Syntheseteams sind überwiegend in verschiedenen Sozialwissenschaften beheimatet, sie gehören 13 Institutionen an, vornehmlich Hochschulen/Universitäten aus Deutschland und der Schweiz.

Birgit Blättel-Mink – Prof. Dr. phil., Diplom-Soziologin. Professorin für Soziologie mit dem Schwerpunkt Industrie- und Organisationssoziologie an der Johann Wolfgang Goethe-Universität Frankfurt am Main. Forschungsschwerpunkte: Innovation als sozialer Prozess; sozialwissenschaftliche Perspektiven der Nachhaltigkeit; Frauen an der Hochschule. Co-Leiterin Verbund „Consumer/Prosumer".

Bettina Brohmann – Dr. phil., Sozialwissenschaftlerin. Forschungskoordinatorin Transdisziplinäre Nachhaltigkeitswissenschaften am Öko-Institut e. V. (Darmstadt). Forschungsschwerpunkte: Konsumenten- und Motivationsforschung; Transformations- und Innovationsforschung; Beteiligungsverfahren; Entwicklung und Bewertung von Nachhaltigkeitskonzepten; wissenschaftliche Evaluation. Leiterin des Teilprojekts „Bewertung der ökologischen und ökonomischen Potenziale nachhaltigen Energiekonsums" im Verbund „Seco@home" und Mitarbeiterin im Verbund „Transpose".

Rico Defila – Fürspr., Jurist und Rechtsanwalt. Stv. Leiter der interuniversitären Forschungsgruppe Inter-/Transdisziplinarität (Fg Id/Td) an der Interfakultären Koordinationsstelle für Allgemeine Ökologie (IKAÖ), Leiter des Ressorts Planung und Betrieb der IKAÖ, Universität Bern. Forschungsschwerpunkte: Gestaltung inter-/transdisziplinärer Prozesse in Forschung und Lehre; Organisationsentwicklung interdisziplinärer Institutionen; nachhaltiger Konsum. Co-Leiter Begleitforschung „SÖF-Konsum-BF".

Antonietta Di Giulio – Dr. phil., Philosophin. Leiterin der interuniversitären Forschungsgruppe Inter-/Transdisziplinarität (Fg Id/Td) an der Interfakultären Koordinationsstelle für Allgemeine Ökologie (IKAÖ), Dozentin für Allgemeine Ökologie, speziell allgemeine Wissenschaftspropädeutik und Interdisziplinarität an der Universität Bern. Forschungsschwerpunkte: Gestaltung inter-/transdisziplinärer Prozesse in Forschung und Lehre; gutes Leben und nachhaltiger Konsum; Bildung und Nachhaltige Entwicklung. Co-Leiterin Begleitforschung „SÖF-Konsum-BF".

Daniel Fischer – M. A., Erziehungswissenschaftler. Wissenschaftlicher Mitarbeiter am Institut für Umweltkommunikation der Leuphana Universität Lüneburg. Forschungsschwerpunkte: Nachhaltige Konsumbildung; Schulentwicklungsprozesse; Bildung für nachhaltige Entwicklung. Mitarbeiter im Verbund „BINK".

Doris Fuchs – Prof., Ph. D., Politologin und Ökonomin. Professorin für Internationale Beziehungen und Entwicklungspolitik, Westfälische Wilhelms-Universität Münster. Forschungsschwerpunkte: Nachhaltiger Konsum; Umwelt-, Energie- und Nahrungsmittelpolitik; Wirtschaft und Politik; Macht und Legitimität. Co-Leiterin Verbund „Transpose".

Sebastian Gölz – Dipl.-Psych., Psychologe. Wissenschaftlicher Mitarbeiter am Fraunhofer-Institut für Solare Energiesysteme in Freiburg i. Br., Teamleitung „Nutzerverhalten und Feldtests". Forschungsschwerpunkte: Sozialwissenschaftliche Entwicklung und Implementierung von innovativen Energieversorgungskonzepten; Analyse von Nutzerverhalten und deren Reaktionen in intelligenten Netzen (Smart Grids), zu Smart Metering und innovativen Tarifsystemen; intelligente Gebäudetechnologien; transdisziplinäre Forschungsmethoden. Verbundleiter „Intelliekon".

Konrad Götz – Dr. phil., Soziologe. Koordinator für Strategische Beratung und Senior Researcher im Forschungsschwerpunkt Mobilität und Urbane Räume am Institut für sozial-ökologische Forschung (ISOE), Frankfurt am Main. Forschungsschwerpunkte: Empirische Lebensstilforschung in ihrer Anwendung auf Fragen des Konsums und der Mobilität; Erarbeitung von Zielgruppenmodellen für das Feld der Nachhaltigkeit. Teilprojektleiter im Verbund „Intelliekon".

Andreas Homburg – Prof. Dr. phil., Psychologe. Professor und Studiendekan für Wirtschaftspsychologie an der Hochschule Fresenius, Idstein. Forschungsschwerpunkte: Beschreibung, Analyse und Förderung umweltschonenden und nachhaltigen Verhaltens in verschiedenen Kontexten (Kommunen, Unternehmen, Haushalte, Schulen); Evaluationsforschung. Leiter des Teilprojekts „Evaluation" im Verbund „BINK".

Ruth Kaufmann-Hayoz – Prof. em. Dr. phil., Psychologin. 1992 bis Januar 2011 Professorin für Allgemeine Ökologie und Direktorin der Interfakultären Koordinationsstelle für Allgemeine Ökologie (IKAÖ), Universität Bern. Forschungsschwerpunkte: Bedingungen individueller und gesellschaftlicher Veränderungs- und Lernprozesse im Hinblick auf Nachhaltige Entwicklung; nachhaltiger Konsum; Inter- und Transdisziplinarität. Co-Leiterin Begleitforschung „SÖF-Konsum-BF".

Ellen Matthies – Prof. Dr. phil., Psychologin. Professorin für Umweltpsychologie an der Otto von Guericke Universität Magdeburg. Forschungsschwerpunkte: Erklärung und Veränderung von umweltrelevantem Handeln/nachhaltigem Konsum, insbesondere Verkehrsmittelnutzung, Energienutzung und energierelevante Entscheidungen in Haushalten; sozialpsychologisch basierte Interventionen; Wirkweise und Steuerung partizipativer Prozesse. Verbundleiterin „Change".

Gerd Michelsen – Prof. Dr., Dipl. Volkswirt. Institut für Umweltkommunikation, Leuphana Universität Lüneburg; UNESCO Chair „Hochschulbildung für nachhaltige Entwicklung"; u. a. Mitglied im Nationalkomitee „Bildung für nachhaltige Entwicklung". Forschungsschwerpunkte: Nachhaltigkeitskommunikation und Bildung für nachhaltige Entwicklung. Verbundleiter „BINK".

Martina Schäfer – Prof. Dr. Dr., Biologin und Soziologin. Stellvertretende Geschäftsführerin des Zentrums Technik und Gesellschaft der Technischen Universität Berlin. Forschungsschwerpunkte: nachhaltiger Konsum; nachhaltige Landnutzung; nachhaltige Regionalentwicklung; Methoden inter- und transdisziplinärer Forschung. Verbundleiterin „LifeEvents".

Kerstin Tews – Dr. rer. pol., Soziologin. Senior Researcher am Forschungszentrum für Umweltpolitik an der Freien Universität Berlin und Projektleiterin in der Helmholtz-Allianz „Energy-Trans". Forschungsschwerpunkte: Politik der Energiewende; Energieeffizienzpolitik; Policy-(Transfer)-Analyse. Co-Leiterin Verbund „Transpose".

Sandra Wassermann – M. A., Sozialwissenschaftlerin. Wissenschaftliche Mitarbeiterin und Projektleiterin am Zentrum für interdisziplinäre Risiko- und Innovationsforschung (ZIRIUS), Universität Stuttgart. Forschungsschwerpunkte: Innovationen bei Energietechnologien; Energiepolitik sowie Akzeptanz und Kommunikation neuer Energietechnologien und energiesparender Verhaltensstrategien. Koordinatorin Verbund „Wärmeenergie" und Leiterin AP 4 (Demografie und Gender).

Stefan Zundel – Prof. Dr. rer. pol., Umweltökonom. Professor für Volkswirtschaftslehre, Energiewirtschaft und Umweltökonomie, Brandenburgische Technische Hochschule Cottbus Senftenberg (ehemals Hochschule Lausitz). Forschungsschwerpunkte: Umwelt und Innovation; nachhaltiger Konsum; regionale Entwicklung. Verbundleiter „ENEF-Haus".

Teilnehmerinnen und Teilnehmer der transdisziplinären Fachtagung 2012

Am 23. November 2012 führten wir in Berlin die Fachtagung „Konsum und Nachhaltigkeit – Botschaften für Politik und Praxis" durch. Die Tagung wurde von uns als transdisziplinärer Dialog gestaltet: Wir luden Personen aus jenen Kreisen ein, an die sich die Botschaften richten, und legten ihnen die Botschaften im Entwurf zur Diskussion vor. Allen Personen aus Politik und Verwaltung, Bildung, Wirtschaft und Wissenschaft, Organisationen und Stiftungen, die unserer Einladung nach Berlin folgten, danken wir ganz herzlich. Sie diskutierten die Botschaften intensiv untereinander und mit uns. Sie stellten so für uns ein maßgebendes qualitätssicherndes externes „Peer Review Panel" dar. Aus den vielen Stunden lebhafter Diskussion resultierte eine Fülle von Anregungen für die weitere Ausarbeitung der Botschaften. Die nachstehenden Angaben zu den Personen beziehen sich auf die zur Zeit der Tagung wahrgenommenen Funktionen.

www.konsumbotschaften.de

Martina Angelus, Referentin für Energie, Nachhaltigkeit, Umwelt; Verbraucherzentrale Sachsen-Anhalt e. V.

Herbert Arthen, Pressesprecher; dm-drogerie markt GmbH + Co. KG

Kerstin Bause, Projektreferentin VerbraucherService; Katholischer Deutscher Frauenbund e. V.

Reinhard Benhöfer, Geschäftsführer Arbeitsstelle Umweltschutz; Arbeitsgemeinschaft der Umweltbeauftragten der Gliedkirchen der evangelischen Kirche in Deutschland

Dr. Michael Bilharz, Referent; Umweltbundesamt, Fachgebiet III 1.1 – Nachhaltige Konsumstrukturen

Heike Bose, Projektleiterin „Neustart fürs Klima"; Verbraucherzentrale Sachsen-Anhalt e. V.

Daniel Brand, Fachbereichsleiter Arbeits- und Sozialrecht, Verkehrs-, Bau-, Straf- und Bürgerliches Recht (R3); Verband Deutscher Verkehrsunternehmen e. V.

Katharina Burusig, Referentin für Ernährungspolitik und nachhaltigen Konsum; Ministerium für Klimaschutz, Umwelt, Landwirtschaft, Natur- und Verbraucherschutz Nordrhein-Westfalen

Monika Dening-Müller, Stv. Geschäftsführerin / Leiterin Kommunikation; Klimaschutzagentur Region Hannover gGmbH

MinR Dr. Volkmar Dietz, Leiter Referat 721 Grundsatzfragen Nachhaltigkeit, Klima, Energie; Bundesministerium für Bildung und Forschung (BMBF)

Bernhard Drews, Referent Forschung und Beratung; vhw – Bundesverband für Wohnen und Stadtentwicklung e. V.

Elisabeth Dubbers, Energieberaterin; Berliner Energieagentur GmbH

Dr. Ulrike Eberle, Gründerin und Inhaberin von corsus; corsus – corporate sustainability

Jana Emkow, Koordinatorin AG Nachhaltigkeit; Piratenpartei Deutschland, Bundesgeschäftsstelle

Dr. Dietmar Fahnert, Referent für Grundsatzfragen der Nachhaltigen Entwicklung; Ministerium für Energiewende, Landwirtschaft, Umwelt und ländliche Räume des Landes Schleswig-Holstein

Achim Flasche, Mitarbeiter; Germanwatch e. V. Bonn

Doreen Fragel, Geschäftsführerin; Energieagentur Region Göttingen e. V.

Thomas Haberland, Projektmanager; Collaborating Centre on Sustainable Consumption and Production (CSCP)

Kornelia Hagen, Mitglied Wissenschaftlicher Beirat Verbraucher- und Ernährungspolitik; Deutsches Institut für Wirtschaftsforschung e. V.

Katrin Heeren, Leiterin Sekretariat; UN-Dekade „Bildung für nachhaltige Entwicklung"

Dr. Martin Held, Studienleiter Wirtschaft und Nachhaltige Entwicklung; Evangelische Akademie Tutzing

Cornelis F. Hemmer, Stifter; Stiftung für Mensch und Umwelt

Christine Henseling, Wissenschaftliche Mitarbeiterin; Institut für Zukunftsstudien und Technologiebewertung gGmbH

Frank Hildenbrandt, Projektleiter Nachhaltiger Konsum; Verbraucherzentrale Brandenburg e. V.

Dr. Ursula Hudson, Vorsitzende; Slow Food Deutschland e. V.

Katy Jahnke, Managerin Research; co2online gGmbH

Dr. Gerhard Justinger, Referent im Referat 225 Forschung und Innovation; Bundesministerium für Ernährung, Landwirtschaft und Verbraucherschutz (BMELV)

Bärbel Kahn-Neetix, Referentin im Referat 722 Geistes-, Sozial- und Kulturwissenschaften; Bundesministerium für Bildung und Forschung (BMBF)

Dr. Klaus Keßler, Geschäftsführer; KliBA – Klimaschutz- und Energieberatungsagentur, Heidelberg – Nachbargemeinden gGmbH

Katharina Klein, Referentin für ökologische Transformation der Wirtschaft; Team Bundesvorsitzender Cem Özdemir (BÜNDNIS 90/DIE GRÜNEN)

Annika Kownatzki, Projektleiterin „Neustart fürs Klima"; Verbraucherzentrale Hamburg e. V.

Jobst Kraus, Landesbeauftragter des BUND BaWü für nachhaltige Entwicklung; Evangelische Akademie Bad Boll

Michael Krause, PR & Social Media Hess; Natur-Textilien GmbH

Peter Krümmel, Fachgebietsleiter Abteilung Vertrieb, Versorgungssicherheit und gasspezifische Fragen; Bundesverband der Energie- und Wasserwirtschaft

Sandra Kuchel, Projektleiterin Verbraucherzentrale; Rheinland-Pfalz e. V.

Jana Lasslop, Referentin Verbraucherbildung; Ministerium für Ländlichen Raum und Verbraucherschutz Baden-Württemberg

Dr. Fritz Lauer, Leiter Information und Nachhaltigkeit; Deutsche Telekom Technik GmbH

Heike Leitschuh, Beraterin für Nachhaltige Entwicklung; Fair Wirtschaften

Dr. Sylvia Lorek, Vorstandsvorsitzende; SERI – Sustainable Europe Research Institute Deutschland e. V.

Dr. Petra Luber, Leiterin Geschäftsstelle Netzwerk Verbraucherforschung; Bundesamt für Verbraucherschutz und Lebensmittelsicherheit, wirtschaftlicher Verbraucherschutz

Dr. Rüdiger Mautz, Wissenschaftlicher Mitarbeiter; Soziologisches Forschungsinstitut Göttingen (SOFI) an der Georg-August-Universität

Dr. Lothar Meinzer, Geschäftsführer; EnergieEffizienzAgentur Rhein-Neckar gGmbH

Dr. Dorothee Meyer-Mansour, Leiterin Referat Ernährungs- und Vebraucherfragen; Niedersächsisches Ministerium für Ernährung, Landwirtschaft, Verbraucherschutz und Landesentwicklung

Heidi Mohnert, Leiterin Sonderprojekte Vertrieb; DEW 21, Dortmunder Energie- und Wasserversorgung GmbH

Falko Müller, Manager Kampagnen; co2online gGmbH

Gülcan Nitsch, Geschäftsführerin; Yesil Cember – ökologisch. interkulturell. gGmbH

Tobias Pforte-von Randow, Referent für Klima und Arbeit; Germanwatch e. V.

Jürgen Reincke, Sprecher Bundesfachausschuss Energie und Klima; NABU – Naturschutzbund Deutschland

Dr. Heike Richter, Leiterin Referat Grundsatzfragen der Verbraucherpolitik; Ministerium für Umwelt, Gesundheit und Verbraucherschutz des Landes Brandenburg

Dr. Jana Rückert-John, Wissenschaftliche Mitarbeiterin; Technische Universität Berlin, Zentrum Technik und Gesellschaft (ZTG)

Ulrike Schell, Mitglied Strategiebeirat Sozial-ökologische Forschung (SÖF) (bis 2011); Verbraucherzentrale Nordrhein-Westfalen e. V.

Dr. Martin W. Schmied, Wissenschaftlicher Mitarbeiter Organisationseinheit „Umwelt, Kultur, Nachhaltigkeit"; Projektträger im Deutschen Zentrum für Luft- und Raumfahrt (PT-DLR)

Michael Schock, Forschungsassistent im Bereich Umweltökonomie; Ecologic Institut EU

Dr. Gerd Scholl, Leiter des Forschungsfeldes ökologischer Konsum; Institut für ökologische Wirtschaftsforschung (IÖW)

Annika Schudak, Promotionsstipendiatin, Schwerpunkte Nachhaltiger Konsum und Verbraucherpolitik; Institut für Markt-Umwelt-Gesellschaft e. V.

Alexander Schülke, Referent; Umweltbundesamt, Fachgebiet I 1.1 Grundsatzfragen, Nachhaltigkeitsstrategien und -szenarien, Ressourcenschonung

Janina Schultze, Projektmanagerin; Bremer Energie-Konsens GmbH

Henning H. Sittel, Projektkoordinator; Effizienz-Agentur NRW

Christina Söhner, Wissenschaftliche Mitarbeiterin; Bundestag, Team MdB Nicole Maisch (BÜNDNIS 90/DIE GRÜNEN)

Simone Violka, Referentin; Bundestag, Team MdB Ingrid Arndt-Brauer (SPD)

Corinna Vosse, Geschäftsführerin; Umweltbildungszentrum Kunst-Stoffe

Andreas Wagner, Business Developing Manager; Wagner & Co Solartechnik GmbH

Dr. Michael Wehrspaun, Referent; Umweltbundesamt, Fachgebiet wirtschafts- und sozialwissenschaftliche Umweltfragen, nachhaltiger Konsum

Dr. Maria J. Welfens, Projektkoordinatorin Forschungsgruppe IV Nachhaltiges Produzieren und Konsumieren; Wuppertal Institut für Klima, Umwelt, Energie

Till Westermayer, Sprecher der BAG WHT; BÜNDNIS 90/DIE GRÜNEN, Bundesarbeitsgemeinschaft Wissenschafts-, Hochschul- und Technologiepolitik

Elke Wieczorek, Stv. Präsidentin; DHB – Netzwerk Haushalt, Berufsverband der Haushaltführenden e. V.

Dr. Ralph Wilhelm, Wissenschaftlicher Mitarbeiter Organisationseinheit „Umwelt, Kultur, Nachhaltigkeit"; Projektträger im Deutschen Zentrum für Luft- und Raumfahrt (PT-DLR)

Katrin Wlucka, Vorstandsmitglied; Verein i. G. zur Förderung der Gemeinwohl-Ökonomie Berlin-Brandenburg

Angelika Wollgarten, Stv. Bundesvorsitzende; VerbraucherService im Katholischen Deutschen Frauenbund e. V.

Dr. Christine Wörlen, Gründerin und Inhaberin; arepo Consult

Prof. Dr. Angelika Zahrnt, Mitglied Strategiebeirat Sozial-ökologische Forschung (SÖF) (bis 2011) und Rat für Nachhaltige Entwicklung

Yvonne Zwick, Wissenschaftliche Referentin; Rat für Nachhaltige Entwicklung, Geschäftsstelle